ÉXITO EN LA UNIVERSIDAD

Y PREPÁRATE PARA LA VIDA

J. BUDZISZEWSKI

PATMOS

Éxito en la universidad
Mantén la fe y prepárate para la vida
©2017 por J. Budziszewski

Publicado por Editorial Patmos,
Miami, FL. 33169

Todos los derechos reservados.

Publicado originalmente en inglés por NavPress en alianza con
Tyndale House Publishers, con el título *How to Stay Christian in College*
© 2004, 2014 por J. Budziszewski

A menos que se indique lo contrario, las citas bíblicas pertenecen
a la versión Reina-Valera ©1960, de las Sociedades Bíblicas Unidas.

Traducido por Vanessa Valle Flores
Editado por Sandra Leoni
Diseño de portada e interior por Adrián Romano

ISBN: 978-1-58802-802-0

Categoría: Vida Cristiana/Jóvenes

Impreso en Brasil | *Printed in Brazil*

A mis estudiantes
Por mi Señor

CONTENIDO

Reconocimientos – 9

INTRODUCCIÓN
1. La Universidad es otro mundo – **12**

COSMOVISIONES
2. Qué piensa Dios del mundo – **32**
3. Lo que el mundo piensa de sí mismo – **47**
4. Cómo hablar con los amigos no cristianos – **60**

MITOS SOBRE LA UNIVERSIDAD
5. Mitos sobre la búsqueda del conocimiento – **80**
6. Mitos sobre el amor y el sexo – **100**
7. Mitos sobre la política – **114**

CÓMO HACER FRENTE
8. Cómo enfrentar la vida social en la universidad – **126**
9. Cómo enfrentar la vida religiosa en la universidad – **139**
10. Cómo hacerle frente a la clase – **150**

CONCLUSIÓN
11. El significado de tu vida – **166**

Sobre el autor – **178**

Notas – **179**

RECONOCIMIENTOS

Toda mi gratitud se la dedico de corazón a mi esposa y compañera, Sandra, quien me ayudó a "pensar" para escribir este libro y ha sido mi mejor consultora. También a mi hija Alexandra, que terminó la escuela secundaria mientras yo finalizaba de escribir la primera edición y me proporcionó muchos detalles y consejos. Igualmente a mi hija Anastasia, quien todavía estaba en la universidad y verificó todas mis afirmaciones con su experiencia.

Estoy profundamente agradecido por el ánimo que me brindaron mis buenos amigos y compañeros en Austin: Robert Koons del Departamento de Filosofía de la Universidad de Texas en Austin; Dave Geisler de Recursos para Egresados, un ministerio de estudiantes en la universidad, y Dave Ness del Ministerios de Liderazgo Cristiano, un acercamiento a la facultad universitaria. También quiero agradecer a Bill Dickson por su apoyo vía electrónica y a través de la oración.

Aunque no puedo nombrar a todos los estudiantes cristianos que han compartido conmigo sus preguntas, problemas, pensamientos e historias de supervivencia a lo largo de los años, quiero destacar de manera especial a David Crockett, Mateo Furgiuele, Lynda Holman, Steve Barracca, y Michael Bailey (algunos de los cuales ahora son educadores). Estoy seguro de que los nombres de los otros estudiantes están escritos en el cielo. Algunas de sus historias llegaron a mí, inclusive por correo electrónico, gracias a los esfuerzos de Michael Sorgius, un representante de los Ministerios de Liderazgo Cristiano en Gainesville, Florida y a Marvin Olasky del Departamento de Periodismo de la Universidad de Texas en Austin.

Con mucho gusto quiero dar una mención especial a Brad Lewis por su apoyo editorial y diligencia, así como a Cara Iverson, quien trabajó arduamente para realizar la presente edición.

He escrito sobre algunos de los temas de este libro antes y sería desconsiderado si no le diera las gracias a las revistas en las que han aparecido estos pensamientos. Mi propia historia, que se encuentra en el capítulo 1, está condensada de una charla que fue previamente publicada con mayor extensión en el *Real Issue* [El Problema Real] y en *Re:Generation Quarterly* [Re: Generación Trimestral] y también ha aparecido en *The Revenge of Conscience* [La Venganza de la Consciencia] (segunda edición, Eugene, OR.: Wipf y Stock, 2010).

Además se han tomado varios párrafos del capítulo 4, con algunos cambios ligeros, del *"Opening Your Neighbors' Eyes," Citizen*, [Abre los ojos de tus vecinos, "Ciudadano"] Vol. 12, No. 1 (Enero 1998), y del *"What We Can't Not Know," Human Life Review*, [Lo que no podemos saber, "Una revisión de la vida humada"] (Vol. 22, No. 4 (Otoño 1996). Por otro lado, el Capítulo 7 adapta ideas que se expresan con mucho más detalle en *"The Problem with Liberalism"* [El problema con el Liberalismo] y *"The Problem with Conservatism"* [El problema con el Conservadurismo] *First Things: A Monthly Journal of Religion and Public Life* [Las primeras cosas: Una revista mensual sobre la religión y la vida pública] Nos. 61 y 62 (marzo y abril 1996). Debido a que *First Things* es una publicación en línea, cualquiera que desee ver los artículos completos sobre liberalismo y conservadurismo los puede encontrar en http://www.firstthings.com.

Mi deuda más profunda es con mi Señor Jesucristo, quien me encontró hace más de veinte años en el campo del enemigo y me dio un nuevo corazón y una nueva mente.

INTRODUCCIÓN

1

LA UNIVERSIDAD ES OTRO MUNDO

¿POR QUÉ ES NECESARIO LEER ESTE LIBRO?

Un día, una estudiante se me acercó después de la clase. Ella parecía estar a punto de llorar cuando me dijo: "En la clase de hoy usted dijo que es cristiano", luego ella agregó: "nunca he oído eso de ningún otro profesor y cada día que paso en esta universidad, siento que mi fe está bajo ataque".

Yo sabía exactamente cómo ella se sentía. Las instituciones modernas de educación superior han cambiado drásticamente en el último medio siglo, entonces desde el momento que los estudiantes ponen un pie en una universidad contemporánea, la disciplina y sus convicciones cristianas son atacadas. Los estudiantes cristianos escuchan de sus amigos y profesores frases como: "La fe es simplemente una muleta", "la Biblia es solo mitología", "el cristianismo es crítico e intolerante", " la moral es diferente en todas partes", "todo el mundo debe encontrar su propia verdad", " yo puedo ser bueno sin Dios", "Jesús fue solo un hombre que murió". Debido a esto, ¡no es extraño que muchos pierdan su fe!

Poco después de entrar a la universidad yo mismo perdí mi fe y no encontré mi camino de regreso a Jesucristo hasta doce de años más tarde. Esta experiencia, junto con más de veinte años en el campo de la enseñanza, han puesto una carga en mi corazón por las luchas que todos los estudiantes cristianos hoy enfrentan en la universidad moderna.

Pero aquí vienen las buenas noticias: La educación superior no tiene que ser un terreno baldío. Con un poco de ayuda, los estudiantes cristianos pueden encontrar en la universidad un medio para la bendición de Dios en lugar de una trampa espiritual. Miles lo viven. De hecho, durante sus años de universidad, dichos estudiantes redescubren a Cristo o se encuentran con Él por primera vez.

Ese es mi deseo para ti.

MI PROPIA HISTORIA

Hace veinticuatro años, yo estuve en el departamento de gobierno de la Universidad de Texas para dar mi conferencia sobre *"Esta es la razón por lo que deben contratarme"*. Estaba recién graduado y quería enseñar sobre ética y política, así que estaba mostrándole a la facultad lo que tenía para ofrecerles. ¿Qué fue lo que les dije? En primer lugar, que nosotros los seres humanos inventamos nuestras propias definiciones de lo que es bueno y lo que es malo y, en segundo lugar, les dije que no somos responsables de lo que hacemos de todos modos, y por eso, fui contratado para enseñar.

No siempre había creído esas cosas. Cuando tenía diez años entregué mi vida a Jesucristo y fui bautizado. Siendo adolescente no fui un creyente maduro, pero sin duda alguna fui un apasionado. ¿Por qué me alejé de la fe? Por muchas razones, una de ellas era que, entre muchos estudiantes, había sido atrapado en la política radical que fue muy popular a finales de la década de los sesenta y a principios de los setenta. Tenía mis propias ideas acerca de la redención del mundo y mi política se convirtió en una especie de sustituto de la religión. Además, durante mis años de estudiante, también cometí ciertos pecados de los cuales no quería arrepentirme y debido a que la presencia de Dios me hacía sentir cada vez más incómodo, empecé a buscar razones para justificar la creencia que Dios no existe. Por otra parte, cuando me aparté de Dios, las cosas en la vida empezaron a irme mal, y dejar de creer en Dios era una buena manera de vengarme de Él. Pero, si Dios no existía entonces era imposible que yo pudiera volver a Él por lo que esto puede parecer una extraña especie de incredulidad. Pero así es la incredulidad.

Otra razón por la que perdí mi fe fue que durante todo mi tiempo en la universidad escuché que los seres humanos habían creado a Dios a su imagen y que incluso las ideas más básicas sobre el bien y el mal son arbitrarias. Luego, durante la escuela de posgrado caí bajo el hechizo del autor alemán del siglo XIX Friedrich Nietzsche, el creador del lema *"Dios ha muerto"*. En todo caso, yo era más nietzscheano de Nietzsche porque mientras Nietzsche pensaba que dada la falta de sentido de las cosas, no queda más que reír o estar en silencio, me di cuenta de que a mí no me quedaba ni siquiera la risa ni el silencio.

Uno no tenía razón alguna para hacer o no hacer nada en absoluto. Esto es creer en algo terrible, pero al igual que Nietzsche, me veía a mí mismo como uno de los pocos que podían creer tales cosas, uno de los que podía caminar por las alturas rocosas donde el aire es delgado y frío.

Todo esto te da una idea sobre la razón principal por la que perdí la fe en Dios: orgullo puro y obstinado. Yo no quería que Dios fuera Dios, yo quería que J. Budziszewski fuera Dios, ahora lo puedo ver, no obstante, en ese momento no.

Hoy creo que sin Dios, todo va mal. Esto es cierto incluso con las cosas buenas que Él nos ha dado, como nuestra mente. Una de las cosas buenas que me ha sido dada es una mente más fuerte que la mente promedio, no lo digo para presumir.

A los seres humanos se les dan diversos dones para servir a Dios en diferentes maneras. El problema es que una mente fuerte que rechaza el llamado para servir a Dios tiene su propia forma de equivocarse. Cuando algunas personas huyen de Dios podrían robar y matar; otros podrían abusar las drogas y tener múltiples relaciones sexuales. En mi caso, cuando iba huyendo de Dios no hice ninguna de esas cosas, mi manera de huir fue volverme estúpido. A pesar de que siempre sorprenda a los intelectuales, hay algunas formas de estupidez para las cuales hay que ser muy inteligente y educado. Dios las mantiene en su arsenal para derrumbar el orgullo obstinado y yo descubrí todas estas formas de estupidez.

Era una agonía. No te puedes imaginar lo que una persona tiene que hacerse a sí mismo, aunque si eres como yo era tal vez puedas imaginarlo, para continuar creyendo el tipo de tonterías en las que pensaba con el fin de abandonar la creencia en el Evangelio. Pablo dijo que el conocimiento de la existencia de Dios es claro por lo que Él ha hecho (lee Romanos 1:19-20) y que el conocimiento de sus leyes está "escrito en [nuestros] corazones, dando testimonio a [nuestra] conciencia". (Romanos 2:15) Esto significa que siempre que tengamos la mente, no podemos ignorar la existencia de Dios y sus leyes. Sin embargo, yo estaba inusualmente decidido a no saber esas cosas; por lo tanto, tuve que destruir mi mente.

Por ejemplo, yo amaba a mi esposa e hijas, pero estaba decidido a considerar ese amor como una preferencia meramente subjetiva, sin valor objetivo y real. Imagínate a un hombre abriéndose el cerebro y sacando todos los componentes que tienen la imagen de Dios estampada. El problema es que todos los componentes tienen la imagen de Dios estampada en ellos, así que el hombre nunca puede deshacerse de todos.

Entonces, ¿cómo fue que Dios me trae de vuelta? Con el tiempo, comencé a sentir un horror cada vez mayor acerca de mí mismo, una abrumadora sensación de que mi condición era terriblemente mala. Finalmente, se me ocurrió preguntarme el porqué debería sentir horror si la diferencia, entre lo maravilloso y lo horrible, era solo algo que los seres humanos inventamos. Después de todo, tenía que admitir que había una diferencia entre lo maravilloso y lo horrible, y eso significaba que tenía que existir lo maravilloso, por lo cual lo horrible sería la ausencia de lo maravilloso. Así que todas mis paredes de autoengaño colapsaron a la vez.

Fue entonces cuando me di cuenta de nuevo del Salvador que había abandonado durante la universidad. Sorprendentemente, a pesar de que yo lo había abandonado, Él nunca me abandonó. Hoy creo que me atrajo de nuevo a Él, justo a tiempo. Hay un punto de no retorno y yo estaba casi allí. Había estado sacando un componente tras otro, y casi había llegado al procesador central.

Los años que siguieron a mi conversión fueron como estar en un oscuro desván, uno donde había estado durante mucho tiempo pero en donde se corrieron las persianas, una tras otra, de modo que grandes rayos de luz se desplazaban para iluminar las esquinas polvorientas del lugar. Fue entonces que recuperé por completo recuerdos, sentimientos, formas de entender, que había bloqueado para ignorar a Dios. Cuando miro hacia atrás, estoy asombrado de que Dios me haya permitido hacer algún tipo contribución en su Reino. Pero Él promete que si el rebelde se dirige a Jesús en fe y con arrepentimiento, renunciando a las alegaciones de propiedad sobre sí mismo y permite que este Jesús, el Cristo, dirija la casa, Él redimirá todo lo que hay en ella, y Él así lo hizo conmigo.

Muchos de mis estudiantes me dicen que luchan con las mismas influencias oscuras que alguna vez sentí en la universidad. Espero que al escribir este libro pueda animarte a buscar la luz, mejor aun, a evitar la oscuridad total.

PARA QUIÉN ES ESTE LIBRO

Escribí este libro para tres grupos de personas: el primer grupo es el de los estudiantes cristianos que planean ir a la universidad. El segundo, es el de los estudiantes cristianos que ya están cursando sus estudios. Mi objetivo es preparar, capacitar y animarles a responder a los desafíos espirituales de la vida universitaria. Muy pocos nuevos estudiantes universitarios están preparados para esos retos.

El tercer grupo son los padres de los estudiantes de los dos grupos anteriores. Mi objetivo es ayudar a los *padres* a entender lo que sus hijos están pasando en la universidad para que puedan ofrecerles un apoyo espiritual de forma más eficaz. Tal vez nunca fueron a la universidad, tal vez sí, pero no recuerdan como era, pero recuerdan lo que han oído con respecto a lo que hoy en día son las universidades, algo muy diferente a lo que era cuando ellos estaban allí.

En este capítulo se presenta una panorama general de lo que se puede esperar en la universidad. Vamos a puntualizar algunos de estos asuntos en detalle más adelante.

COMPLETAMENTE SOLO

Ingresar a la universidad significa dejar a mucha gente atrás y entrar en un mundo de extraños. Esto es lo que dicen dos estudiantes universitarios acerca de la experiencia:

> *Cuando entré a la universidad no sabía qué esperar. Estaba sola y descubrí que estaba más sola de lo que pensaba que estaría. Al principio, mi compañera y yo nos llevamos bien, pero eso duró unas dos semanas. Entonces me empecé a frustrar más y más. Yo dejé un novio en California y eso hizo que las cosas fueran más complicadas.*

> *Mis dos primeros años en la universidad fueron probablemente algunos de los más estresantes de mi vida ¡y pensar que yo había creído que la secundaria era estresante! Aunque también tuve mi mayor crecimiento emocional, físico (comida de dormitorio = engordar),*

mental y, el más importante, un crecimiento espiritual que viví a través de las pruebas, al extrañar a las personas y sentirme en soledad.

Si conoces a algunas de las personas que asisten a la universidad a la que irás, podrías pensar que no será así. Por ejemplo, tal vez algunos de tus amigos de la secundaria se graduaron un año antes que tú y están en la misma universidad a la que estás planeando asistir. Estos amigos se alegraron de pasar el rato contigo cuando llegaron a tu casa para las vacaciones de verano, quizás estés pensando que ellos van a estar felices y andarán contigo cuando llegues a la universidad.

Las cosas podrían resultar de esa manera, pero quizá no. Es probable que tus amigos se vean diferentes en la universidad a como se veían en tu ciudad natal. Por un lado, probablemente van a estar más ocupados. Además, durante el año que han estado allí, han adquirido nuevos intereses que tú no compartes y de paso se han unido a nuevos círculos sociales en los que tú eres un extraño. Es posible que puedan estar menos interesados en pasar tiempo contigo como lo hacían antes o quizás lo estén pero actúen diferentemente a la forma que lo hacían antes en casa. Tú no esperabas sus nuevas actitudes debido a que durante las vacaciones del verano pasado ellos se comportaron tal cual eran cuando tú los conociste. Cambios como estos podrían hacer difícil volver a tus viejas andadas con ellos, porque aunque tú los conoces de alguna manera se han hecho desconocidos.

Otra razón por la cual se podría pensar que la "soledad" no va a ser un problema, es que algunos de tus amigos van a la universidad *contigo*. Ellos se graduaron de la secundaria al mismo tiempo y eligieron tu misma universidad. Sin embargo, es posible que te sorprenda cómo resulta esto también. La secundaria es un mundo más pequeño que la universidad; hay más gente, más grupos y más actividades, también hay más cosas que aprender y más oportunidades para cometer errores. A veces los viejos amigos se acercan más en la universidad, pero a veces también se alejan. No hay manera de predecir qué es lo que va a pasar con antelación.

Así que de una u otra manera, en alguna medida, la soledad será un problema para ti en la universidad. No todo el mundo reacciona a la soledad de la misma manera. Por ejemplo, algunos se sienten solos, mientras que otros no (o dicen que no lo sienten). Ya sea solo o no, todo el mundo se ve afectado de *alguna manera* por la soledad, ya que fuimos diseñados para estar con otras personas. Dios dijo que no era bueno para Adán estar solo y no es bueno para nosotros tampoco.

Lo importante es buscar y desarrollar nuevos intereses y vínculos de una manera cuidadosa y reflexiva. No tienes que entrar en pánico, la universidad está llena de oportunidades sociales y la mayoría de los estudiantes están dispuestos a formar amistades más que en cualquier otro momento de su vida. Este libro dedica un capítulo entero y partes de varios otros, a la vida social en la universidad.

DE PRONTO UN ADULTO

Si tú fuiste un adolescente típico, es probable que murmuraras durante años acerca de las reglas y los límites que tus padres te hicieron obedecer. Bueno, nadie te hace obedecer esas normas en la universidad. En otro tiempo, las universidades se consideraban a sí mismas *in loco parentis*, es decir, "en el lugar de los padres". A excepción de algunas cuantas universidades cristianas, esa idea no se ha tomado en serio desde hace años, entonces a menos que tú hagas trampa en una prueba, cometas un delito o interrumpas el funcionamiento regular de la universidad, es muy improbable que la universidad conozca o incluso le importe, cómo vives tú. Nadie te dirá que no te quedes despierto hasta tan tarde, nadie te va a despertar en la mañana si duermes más de la cuenta, nadie te dirá cuándo debes volver a casa después de una cita, nadie te hará ir a la iglesia, nadie te recordará que debes hacer la tarea, lavar la ropa interior o mantenerte alejado del sexo y las drogas. De esta manera, te ves obligado a asumir la responsabilidad de tus propios actos.

El hecho de que lo empujen a uno, de una vez, a las responsabilidades de la edad adulta puede ser un shock. Algunos de mis estudiantes me visitan para buscar consejo sobre la vida después de la graduación de la primera etapa en la universidad. Muchos han obtenido malas notas hasta justo antes de su último año y les he preguntado el porqué y uno de ellos me respondió: "Cuando llegué a la universidad me volví loco", otro dijo: "Durante mis primeros tres años aquí yo solo anduve de fiesta", uno preguntó: "¿Usted cree que eso va a afectar mis posibilidades de entrar en la escuela de leyes?" Creo que puedes suponer lo que tengo que responder.

La gente inventa todo tipo de cosas para adaptarse a la presión repentina de la responsabilidad de los adultos. Algunas cosas ayudan, otras no. Cuando llegué a la universidad, uno de los chicos en el dormitorio me dijo que había encontrado la manera perfecta de motivarse a sí mismo para estudiar; él mantuvo una enorme jarra de un vino barato con sabor a frutas en su escritorio y después de leer cada página de la tarea, se recompensaba con un trago. Como podrás imaginarte, siempre estaba un poco ebrio. Él hacía sus lecturas, pero el hecho de que recordara lo que leyó era otra cosa. No recuerdo verlo tomar notas tampoco. ¡Tal vez no podía sostener el lápiz!

La universidad le envía mensajes contradictorios a los estudiantes. Aunque en cierto modo, los trata como adultos, de otras maneras los trata como bebés. No tienes que preparar tu propia comida porque puedes ir al comedor de la universidad. No tienes que buscar tu propio médico, porque puedes ir a la clínica de salud para los estudiantes. No tienes que inventar como entretenerte porque la universidad te proporciona la música, películas y otras diversiones.

En algunas universidades, los dormitorios incluso proveen sábanas limpias (aunque tú mismo tienes que ponerlas en la cama). En la universidad se hacen todo tipo de cosas por ti, aunque eres capaz de hacerlo por ti mismo.

Por supuesto que *realmente eres* mayor de edad en un sentido (tienes responsabilidades de adulto) a pesar de que *realmente no* eres un adulto en otros sentidos (porque no te has terminado de desarrollar). ¿En qué tipo de persona te vas a convertir? No estoy hablando de los cursos a los que deseas asistir o del tipo de trabajo que deseas obtener algún día; estoy hablando de las cualidades que deseas tener como persona: ¿Anhelas ser prudente, justo y honesto o tonto, injusto y torcido? ¿Quieres ser amable, leal y confiable o malo, alguien que dé puñaladas por la espalda y sea poco fiable? ¿Deseas ser valiente, fiel y puro o cobarde, débil y sucio? Tal vez has pensado en el tipo de persona que quieres llegar a ser pero no has pensado cómo llegar a serlo. Cada acto, cada decisión, cada pensamiento te llevará a estar un poco más cerca de ser ese tipo de persona o te empujará más lejos.

¿Cuáles son las pequeñas tentaciones en tu vida? Para llegar a ser integro en las grandes cosas, tienes que practicar la integridad en las cosas pequeñas. Para llegar a ser puro en las grandes cosas, tienes que practicar la pureza en las pequeñas. Si aún no has comenzado a ejercitarte en esto, puedes empezar ahora. Ora por fortaleza y comienza a caminar.

EN OTRO PLANETA

Ir a la universidad puede ser como irse a vivir a Marte. El primer cambio que notarás será en tu entorno físico. Por ejemplo, si estás acostumbrado a ver los campos de maíz, que se extienden lo largo del camino hasta el horizonte, y tu universidad está en la ciudad, donde no se puede ver el horizonte, el paisaje puede generar una conmoción. Si estás acostumbrado a conseguir en cualquier lugar el metro o autobús, y tu universidad está en un lugar en el campo donde no hay transporte público y tienes que conducir, el cambio puede ser difícil, ¡especialmente si no tienes un automóvil!

Sin embargo, el cambio en el entorno físico parecerá algo insignificante en comparación con las diferencias culturales. La gente en la universidad podría hablar, relacionarse e incluso comer de manera diferente. Una de las razones por las que se dan las diferencias culturales, es el cambio en las regiones y cuanto más lejos te vayas de tu casa a estudiar, es probable que esas diferencias sean mayores y difíciles de tolerar. En los Estados Unidos, los sureños, que no están acostumbrados a la prisa y al hacinamiento de las ciudades del noreste, tienden a considerar a las personas del noreste groseros y antipáticos. Por otro lado, los del noreste que no están acostumbrados al discurso relajado y a la elaborada cortesía del sur, a veces piensan que los sureños son lentos y estúpidos. No siempre es fácil para estos grupos, siendo tan diferentes, que se entienden entre sí.

Ahora, una razón por la cual la universidad podría parecerte como Marte es por la misma cultura que hay en la universidad. Cada facultad y escuela tiende a desarrollar una personalidad propia. Algunas tienen buenas personalidades, otras no. La personalidad de la escuela a donde un amigo mío asistió en sus dos primeros años, era neuróticamente intensa y competitiva. Él nunca olvidará una de las charlas que le dieron durante su orientación del primer año. El orador, el decano, tomó un tiempo para hablar sobre el gran número de estudiantes del primer año, de esa escuela, que se habían suicidado o que recibieron ayuda psicológica. El decano no les estaba advirtiendo sobre el asunto a los nuevos estudiantes, él se estaba *jactando*, porque pensaba que las tendencias suicidas eran ¡una prueba de brillantez intelectual! Por el contrario, la universidad a la que asistió otra amiga resultó ser una "escuela de fiestas". En el dormitorio universitario donde vivía, se organizaban en los diferentes pisos Noches de Bebida Progresiva. Los estudiantes que participaban iban de habitación en habitación a emborracharse cada vez más. Un grupo de mujeres en el dormitorio universitario anunció que ciertas noches de la semana, tendrían relaciones sexuales con cualquier hombre que se presentara a sus puertas. Así que muchos hombres se presentaron, tanto así que tenían que formar líneas y esperar. Por tanto, no debes asumir que tu universidad tendrá una personalidad cristiana simplemente porque está vinculada una denominación cristiana, aunque su propia declaración de misión pudiera parecer cristiana, o incluya el término "cristiano" en su nombre. Hay más influencia cristiana en algunas universidades no cristianas que en algunas de las universidades llamadas cristianas.

Una última razón para sentir que has aterrizado en otro planeta es que las universidades son imanes para las sectas, creencias e ideologías extremas. Recientemente en una universidad, las feministas protestaron por la discriminación sexual marchando con sus torsos al descubierto ("toples") en la ciudad. (¡Tomen *eso*, ustedes sexistas!) En otra universidad, los homosexuales patrocinaron un día de besos gay al aire libre en el predio de la universidad para ganar la aceptación de su causa. También sé de una profesora de arte que incluye en su hoja de vida que se ató a sí misma con una cuerda a otro artista por un año y afirma que nunca se tocaron. Otro profesor de ciencias sociales todos los años ofrece un curso sobre la creación de tu propia realidad, él dice que es muy práctico. No estoy inventando estas cosas.

La enorme rareza del nuevo entorno pone algunos estudiantes en un estado que los sociólogos llaman "choque cultural", toman la rareza muy apecho y desarrollan una nostalgia y depresión profunda. En el otro extremo, algunos estudiantes se adaptan al "hacerse nativos", entonces pierden su sentido de identidad y se sumergen en los estilos de vida de las personas que los rodean.

Los siguientes cuatro simples consejos te ayudarán a mantener los pies en la tierra:

1. Investiga sobre la personalidad de la universidad con anterioridad para asegurarte que estás eligiendo una buena.

2. Recuerda que es normal sentirse algo extraño y nostálgico en cualquier lugar que seas nuevo y que tales sentimientos ocurren con normalidad.

3. Recuerda que un poco de nostalgia terrenal puede ser espiritualmente buena para ti. Es un recordatorio que los cristianos siempre serán extraños en este mundo, porque somos ciudadanos del cielo.

4. Conserva tus disciplinas espirituales. Lo que quiero decir es que perseveres en la oración diaria, el estudio frecuente de la Biblia y la adoración, la evangelización, el servicio a los demás y recuerda de manera constante la presencia de Dios. Si permaneces centrado en Cristo, Él va a hacer que incluso florezcas el desierto.

BAJO PRESIÓN

Piensa de nuevo en la estudiante que mencioné al principio de este capítulo, la que me dijo que todos los días que pasó en la universidad sintió que su fe estaba siendo atacada.

Los primeros cristianos corrían el riesgo de muerte y ser torturados por su fe, algunos fueron crucificados, y otros fueron decapitados. Hubieron otros que fueron quemados, traspasados con flechas y arrojados a las fieras. Un emperador romano, Calígula, los quemaba para iluminar sus fiestas en el jardín. En varios países, los cristianos siguen sufriendo la tortura por Cristo. De hecho, según Richard John Neuhaus, "más cristianos han sido martirizados en este siglo que en todos los siglos anteriores juntos. En todo el mundo, matan a unos

300.000 cristianos al año por su fe".[1] También venden a miles de cristianos como esclavos o son enviados a campos de "reeducación". Sin embargo, la causa de Cristo continúa propagándose.

¿Estaba mi estudiante bajo *ese* tipo de ataque? No, ella simplemente estaba en un ambiente que hace que la fe cristiana se vea ridícula. ¿Eso era todo? Sí.

¿Será que este tipo de cosas explica por qué la universidad moderna se ha vuelto al paganismo? Porque aparentemente así se percibe.

¿Cómo puede ser que suceda esto?

La respuesta no es difícil de entender. La persecución violenta se basa en el hecho de que el reino de este mundo está en oposición con el reino de Dios. Cuando no ha existido persecución durante mucho tiempo, como sucede en el lugar donde vivimos, algunos cristianos asumen que el mundo será amigable y procuran el consentimiento del mundo, en lugar de la aprobación de Dios. Entonces cuando el mundo les *niega* su aprobación, por ejemplo cuando el maestro se ríe de manera burlona u otros estudiantes ponen sus ojos en blanco, se sienten decepcionados.

¿Cómo se puede permanecer fiel a la verdad? Estoy seguro de que no te sorprenderás que te recuerde que debes perseverar en mantener la disciplina del cristianismo. Pasar tiempo con Dios en oración, estudiar la Palabra, hablarle a otros acerca de Él y mostrar misericordia a los necesitados.

En realidad, es difícil hacer todo eso por uno mismo ¿no te parece? Sin embargo, tengo buenas noticias para ti. Dios no te abandonó, te dio la iglesia. Es necesario buscar compañeros en la fe y tener comunión frecuente con ellos. Orar, estudiar y mostrar misericordia, pero no lo hagas solo, por ti mismo; hazlo con tus hermanos y hermanas en Cristo.

Dios nos hizo seres sociales y por esa razón respondemos fácilmente a la presión de grupo. Esta presión de grupo, o de tus pares, es buena si es positiva. Pero ten presente que el verdadero grupo de pares lo encontrarás en la comunión con los santos, junto a la familia de Dios.

Este es un gran secreto y con esto no digo que Dios lo oculta, sino que hay muchos estudiantes cristianos que no lo saben y tratan de vivir su fe solos y terminan desanimados. ¡No es de extrañar! Esa no es la manera en que Dios lo planeó.

Todo el mundo ha dicho, en algún momento, que le gustaría tener otra oportunidad. Ahora me doy cuenta de que la estudiante que me habló acerca de sentirse bajo ataque aún no había descubierto el secreto que te acabo de contar. Me gustaría poder volver a conversar con ella sobre este asunto. No hay tal cosa como un cristiano solitario. Si entras solo al mundo, el mundo te comerá vivo.

¿CÓMO PUEDE AYUDARTE ESTE LIBRO?

Puedes utilizarlo de tres maneras:

En primer lugar, puedes leerlo. Si aún no has llegado a la universidad, no te preocupes si no lo comprendes totalmente; algunas partes tendrán sentido después de que llegues a la universidad y compruebes por ti mismo lo que estoy hablando.

En segundo lugar, puedes usarlo durante el tiempo que estés en la universidad y utilizarlo como un manual. A medida que te enfrentes a los problemas y situaciones que describo, puedes recurrir a los capítulos que hablan de ello.

En tercer lugar, puedes compartir el libro con tus amigos. ¿No acabo de decir que no hay tal cosa como un cristiano solitario? Tú necesitas amigos pero ellos también te necesitan a ti.

Dios nos exhorta en la Escritura para que renovemos nuestra mente y así ver todas las cosas como Él las ve, esto es, ver las cosas como realmente son (lee Romanos 12:2). Para ayudarte a ver realmente de verdad, los siguientes tres capítulos desarrollan las "cosmovisiones" que compiten.

El capítulo 2 trata sobre "Qué piensa Dios del mundo". El entendimiento que hayas obtenido acerca Jesús como niño es precioso para Dios pero, podría no ser suficiente para ayudarte a sobrevivir los desafíos de la universidad ahora que eres un joven adulto, necesitas tanto carne como leche. Por eso, este capítulo es una presentación más completa sobre las buenas nuevas del evangelio, el pecado del hombre y sobre todo la respuesta de Dios.

El capítulo 3 trata sobre "Lo que el mundo piensa de sí mismo". La universidad moderna está profundamente alejada de Dios y es hostil a la fe cristiana, así que para permanecer centrado en el evangelio necesitas aprender acerca de las cosmovisiones del mundo, que no son cristianas y, que comúnmente se enseñan en la universidad. Esa es la razón de este capítulo.

El capítulo 4 trata sobre "Cómo hablar con los amigos no cristianos". Los no cristianos y cristianos vacilantes ofrecen numerosas objeciones a la vida y cosmovisión cristiana. En este capítulo se explica cómo hablar con ambos grupos y qué decir una vez que hayas comenzado a entablar una conversación.

El apóstol Pablo dice: "Examinaos a vosotros mismos si estáis en la fe; probaos a vosotros mismos. ¿O no os conocéis a vosotros mismos, que Jesucristo está en vosotros, a menos que estéis reprobados?" (2 Corintios 13:5)

Para ayudarte en tu autoevaluación y mantenerte libre del engaño, la segunda parte del libro trata acerca de los "Mitos sobre la universidad".

El capítulo 5 trata acerca de los "Mitos sobre la búsqueda del conocimiento". Las ideas falsas acerca de la relación entre la fe y la razón socavan la confianza de muchos cristianos universitarios y animan a otros estudiantes para que sean hostiles al cristianismo. En este capítulo se explica claramente cómo la fe y la razón están muy relacionadas entre sí.

El capítulo 6 es acerca de los "Mitos sobre el amor y el sexo". Las ideas erróneas sobre el amor y el sexo hacen que algunos cristianos universitarios se pregunten si la pureza sexual vale la pena. Sí, claro que vale la pena, y en este capítulo puedes aprender sobre qué es la pureza sexual.

El capítulo 7 trata acerca de los "Mitos sobre la política". Las apasionadas ideologías políticas seculares que menoscaban la identidad en Cristo de algunos cristianos en la universidad. Allí encontrarás los elementos no cristianos que están ocultos en el pensamiento de ambas ideologías políticas de izquierda y derecha.

Para florecer como un cristiano necesitas saber cómo poner todas estas cosas en práctica, por eso la parte final del libro es acerca de "Cómo hacer frente a las cosas".

El capítulo 8 trata sobre "Cómo enfrentar la vida social en la universidad". La vida social en la universidad te planteará retos especiales porque no se ajusta a un patrón cristiano. En este capítulo, hablaremos sobre cómo ser fiel a Jesús en la amistad, la diversión y en las citas amorosas.

El capítulo 9 desarrolla el tema sobre "Cómo enfrentar la vida religiosa en la universidad". Tal como lo he explicado anteriormente, vivir la fe requiere de un apoyo mutuo entre los creyentes; el problema es que no todos los "grupos cristianos" en la universidad hacen honor a su título cristiano, por eso en este capítulo se explica cómo encontrar una comunidad cristiana sana y fiel.

El capítulo 10 trata sobre "Cómo hacerle frente a la clase". A pesar de que los cristianos tienen mucho que aprender en la universidad, el aula a veces puede ser intimidante. El objetivo de este capítulo es mostrar cómo practicar el discernimiento intelectual, mantenerse en una discusión y cómo tratar con los compañeros y profesores que piensan que los cristianos deben ser tontos.

En la conclusión del libro, el capítulo 11, vamos a hablar sobre "El significado de tu vida". Dios apunta mucho más lejos que darte la vida eterna porque objetivo es hacer que cada cristiano sea un reflejo de su alegría y gloria divina. Nada sucede por casualidad y si Él te ha puesto en la universidad, Él tiene una razón para que estés ahí, entonces cuanto antes lo comprendas, podrás servir y disfrutar mejor de Él.

COSMOVISIONES

2

QUÉ PIENSA DIOS DEL MUNDO

Probablemente nunca has pensado que los maestros de la escuela dominical se enfrentan a un dilema: a los niños les encanta escuchar acerca de Jesús y hacer preguntas para aprender pero deben mantener las respuestas de manera simple, si no los pequeños se confundirán.

Los adolescentes también quieren aprender acerca de Dios y pueden entender respuestas más profundas pero, conseguir que todas esas hormonas escuchen es otra cosa. ¿Cuál es el resultado? A medida que los estudiantes crecen ¡el nivel intelectual de su formación cristiana a menudo *decae* en lugar de aumentar! Muchos de ellos nunca llegan más allá de la comprensión de un niño con respecto a la fe y llegan con esta poca aptitud a la universidad, donde muy a menudo todo se lo lleva el viento.

Cuando Jesús dijo que hay que entrar en el reino como un niño, quiso decir que tienes que entrar con la confianza de un niño, no con la comprensión de un niño. Así que me voy a poner a tu misma altura. Este capítulo presenta los conceptos básicos de la fe cristiana pero a un nivel de adulto. ¡Si no eres una persona común y corriente y conoces mucho acerca de la fe, genial! Sin embargo, podría ser que desees leer este capítulo de todos modos.

Mi objetivo principal es la claridad, así que voy a ser directo. Muchas sectas toman frases cristianas para transmitir ideas que no son cristianas, por eso deseo que tú seas capaz de detectar cuando eso ocurra. Vámonos.

DIOS

Dios no se parece a nada que podamos siquiera imaginarnos. Él es totalmente distinto a nosotros y tan distinto que solo podemos expresarlo con la palabra *santidad*. Sí, Él mora dentro de cada cristiano, pero *no es como tú*. Dios no es igual a ti, no es parte tuya ni tampoco una versión "superior" de ti. Aunque el ser humano está hecho a imagen no es Dios.

Tú no eres lo mismo que Dios, tampoco eres una parte de Él porque Él no depende de nadie más que de sí mismo.

No se puede explicar a Dios ya que todo debe ser explicado por medio de Él. Aunque podemos saber lo que Él nos ha enseñado acerca de sí mismo, nunca le podremos comprender por completo, porque Él es mucho más grande que nuestra mente. Todo lo que desee, Él lo puede hacer.

Dios no solo tiene el poder supremo, sino que también lo utiliza. Nada puede derrotarlo y nada puede suceder en contra de su voluntad. Él es sumamente bueno; es luz y no hay oscuridad en Él.

A pesar de que el mal es real, Dios lo detesta y lo lleva a juicio. Él todo lo sabe, presta atención a todo y nada se le escapa. No es tan solo un *qué* y un *quién* como tú y yo, sino que Él es un *qué* en tres *quiénes*, un Dios en tres personas: Padre, Hijo y Espíritu Santo.[2]

No hay nadie como Dios; Él es único. Él es Quien es y nunca hubo un momento en el cual Dios no existiera.

¿Quieres saber lo que significa la santidad de Dios? Entonces medita por un momento en estos acontecimientos:

Cuando Moisés le preguntó a Dios cuál era el nombre de Dios para decirle al pueblo, Dios le dijo: "Así dirás a los hijos de Israel YO SOY me envió a vosotros." (lee Éxodo 3:13-14) Luego, cuando

Moisés le pidió a Dios verle cara a cara, Dios dijo "no" porque esto mataría a Moisés (lee Éxodo 33:18-20). Cuando Isaías tuvo la visión de la gloria de Dios, dijo, "¡Ay de mí! que soy muerto..." (Isaías 6:5)

Cuando la gloria de Dios entró en el templo antiguo, los hombres fuertes cayeron postrados (lee 1 Reyes 8:10-11, adaptación de la versión *Reina Valera*).

Por otro lado, Dios es totalmente *esencial* en nosotros. Él es nuestro padre, Él es nuestro maestro, Él es nuestro hermano, Él es nuestro pastor, Es nuestro marido, Él es nuestro amigo.

Si piensas que estos son "simplemente recursos literarios del lenguaje" está bien, pero recuerda que estos son meras sombras de lo que es real.

¿Quieres saber cómo nos ama Dios? Entonces piensa por un momento en el siguiente pasaje bíblico. Aquí Dios está hablándote: "Como panal de miel destilan tus labios, oh esposa; miel y leche hay debajo de tu lengua; y el olor de tus vestidos como el olor del Líbano. Huerto cerrado eres, hermana mía, esposa mía; fuente cerrada, fuente sellada". (Cantares 4:11-12) ¿Ha dejado Dios sus intensiones claras?

Anteriormente dije que Dios no se parece a nada que podamos imaginar. Nunca hubiéramos podido imaginar su *santidad*. Nunca podríamos haber imaginado su *amor*. Incluso si pudiéramos, jamás podríamos haber imaginado esas dos cosas *unidas*. ¿No te has dado cuenta de que cuando la gente se ocupa en su santidad a veces se olvidan de su amor y cuando se entusiasman sobre su amor a veces se olvidan de su santidad? Sin embargo, eso solo demuestra que no entendemos bien la santidad o el amor.

Al poner ese amor y esa santidad juntos se obtiene lo que podría estar tentado a llamarse un fanatismo. Tal vez tú no quieres que Dios sea tan santo o quizás no quieres que te ame tanto. Tal vez no quieres ser tan amado *por* algo que es tan santo, porque nuestro Dios es fuego consumidor. Nada de eso le cambia las cosas a Dios. Aunque podemos rechazar búsqueda amorosa, Dios es implacable, inexorable y sin restricciones al buscarnos. Jesús se despojó a sí mismo y se entregó por nosotros al punto de la muerte sea que queramos aceptar lo que hizo o no. Jesús aplastó nuestro pecado, y se opone por completo a todo lo que hay en nosotros que se oponga a Él. Dios quiere que *seamos* santos y apartados *para Él*. ¡Y espera que nos guste! Nos da una orden, ¿lo comprendes?, nos *ordena a* que nos regocijemos. ¡Qué valor!

La Biblia es la historia de los tratos de *este* Dios con su pueblo: desde el principio, hasta el presente, y hasta el final.

LA CREACIÓN

Cuando eras un niño estabas en el jardín de infantes y dibujaste un gato de color rosa con alas de color azul, el maestro podría haberte elogiado diciendo: "qué increíble, qué hermoso dibujo has hecho". ¡Un cumplido de ese tipo es demasiado generoso para los seres humanos! Por supuesto, a las personas se les ocurren cosas nuevas porque Dios nos ha dado la imaginación. Pero solo existe un ser que puede *crear* y ese ser es Dios.

¿En qué se diferencia lo que hacemos a lo que Dios hace? Volvamos de nuevo al gato. Lo que hizo que la imagen fuera original es que nunca habías visto un gato de color rosa con alas de color azul, tú lo inventaste. Pero no lo inventaste *por completo*, ya que habías visto gatos antes, habías visto alas antes y habías visto antes los colores rosa y azul. Entonces nos limitamos a recombinar cosas viejas en formas nuevas, no obstante, Dios hace las cosas realmente nuevas de la nada. Eso es lo que significa crear y solo Dios crea verdaderamente.

Tú puedes mezclar azul y amarillo para hacer el color verde pero fue Dios que inventó el color. El postre se puede comer antes o después de la cena, pero fue Dios que inventó el tiempo. Se puede poner el campanario al lado de la iglesia en lugar ponerlo en la parte superior del templo, pero Dios inventó los lugares. Dios inventó la materia y la energía, los cuerpos y los espíritus, las cualidades y las propiedades, todo lo que existe; nosotros solo podemos reacomodar las cosas.

Un estudiante me dijo una vez que quería *crear* su propias leyes morales. Pero no podemos inventar nuevas leyes morales; estas leyes ya nos fueron dadas por Dios y solo podemos guardarlas o infringirlas. ¿Cómo puedes tornar una ley moral en algo falso cuando esta siempre fue verdad, o cómo puedes establecer algo como moral cuando siempre ha sido inmoral?

Otra persona me dijo que los padres *crean* a sus hijos; no obstante, todo lo que los padres pueden hacer es ofrecer sus cuerpos como una ocasión para la creatividad de Dios. El padre no diseña los genes con los que contribuye, y la madre tampoco. Nuestros padres no inventaron el acto sexual que combina sus genes, y ninguno de ellos desarrolló el proceso que forma a un bebé. Si piensas así podrías también llamar "creación" cuando un niño mezcla té con azúcar para obtener un té endulzado.

Ahora déjame decirte algo sorprendente: Dios no fue obligado a crear, nada ni nadie lo creó, no le faltaba nada, y no necesitaba cosa alguna. Algunos estudiantes piensan que Dios debe haber estado sentado en la oscuridad antes de la creación, sin hacer nada y sintiéndose solo. Piensan que el motivo que Él creó al hombre fue para tener a alguien con quien hablar, alguien que lo conociera. Esa percepción de Dios es errónea. Si el Dios que es infinito pudiera sentirse solo, entonces soledad sería infinita y, por ende, *nosotros* como criaturas finitas no podríamos jamás llenar ese vacío. Dios no estaba solo. ¿Cómo fue? Recuerda que Dios es Trino, es decir, un solo Dios en tres personas, un *qué* en tres *quiénes*. Tú y yo necesitamos a otros para ser sociales pero él es social en su propia naturaleza y existe en armonía.

¿Te molesta saber que Dios no te necesita? Tal vez piensas que esto significa que Él no te ama. Pero es todo lo contrario, porque Él te ama aún más de lo que te imaginas. Si bien es cierto que yo podría sospechar que mi *esposa* no me quiere si *ella* me dijera que no me necesita. Pero eso es porque el amor humano no puede separarse de la necesidad. Nos encanta no solo suplir las necesidades de otras personas, sino también nos gusta satisfacer las nuestras. En realidad, eso está bien hasta cierto punto, porque Dios nos creó con necesidades. Sin embargo, su amor no es como el nuestro. No es un amor que necesita, es un amor puramente dadivoso. Aunque no necesita nada de nosotros, Él se entregó por nosotros; nada lo llevó a crearnos y aún así lo hizo.

Cada religión tiene mitos sobre los orígenes del mundo y el ser humano; sin embargo, solo en la Biblia encontramos la imagen de una *verdadera* creación, un Alguien eterno que realiza algo de la nada.

De acuerdo con todas las otras religiones, las *cosas* van evolucionando en otras *cosas* similares o tal vez se mantienen sin cambios. Por ejemplo, algunos de ellas dicen que el universo "dio origen" o "dio a luz" a Dios. Otras enseñan que algún tipo de dios o cosa divina "dio origen" o "dio a luz" al universo. Otras dicen que Dios y el universo son lo *mismo* o que uno contiene al otro. En verdad uno puede darse cuenta que no tienen una idea clara sobre la Creación y es por eso que no distinguen a Dios aparte de creación. Es por eso que adoran a las cosas creadas en lugar del Creador mismo, ya sea que el miembro de una tribu haga un ídolo de piedra, un poeta haga un ídolo de sus sentimientos o un hombre rico haga un ídolo de lo que puede comprar. La Biblia llama a esto pecado.

Así que debes comprender esto: Dios es distinto de su creación, Él no es una parte de ella y la creación no es una parte de Dios. Él no "surge" de la creación; la creación no "surge" de él. Dios habló y donde no había nada antes, *hubo una creación*.

LAS MALAS NOTICIAS

En principio es desconcertante cómo puede haber una mala noticia, porque todo lo que Dios creó es bueno. Algunas personas piensan que así como Él creó el mal también creó el bien, o que un dios bueno creó todas las cosas buenas como la luz, la salud y la virtud, y que un dios malo creó todas las cosas malas como la oscuridad, la enfermedad y el pecado. Pero eso no tiene sentido. ¿Por qué? Debido a que el mal no se crea, no surge de la nada.

Entonces, ¿de dónde proviene el mal? La única manera de obtener una cosa mala es tomar una cosa buena y arruinarla. Por ejemplo, la oscuridad no se compone de la nada, se obtiene mediante el bloqueo de la luz. La enfermedad no se compone de la nada, se obtiene al descomponerse la salud.

Observa que esto no funciona al revés, no se puede conseguir la luz mediante el bloqueo de la oscuridad y no se puede obtener la salud descomponiendo la enfermedad. Es por esto que podemos decir que Dios creó solo cosas buenas pero algunas de ellas se han malogrado. Esto es aún más cierto en cuanto a Satanás. El diablo no es más que un ser creado, un ángel bien hecho pero se hizo malo, un ángel caído. Para poder ser completamente malo, Satanás necesita cosas buenas como la inteligencia, el poder y la voluntad porque dichas cosas buenas provienen de Dios.

Dios nos escogió para ser la mayor expresión del bien, somos la joya de su creación. Él nos hizo a su propia imagen, lo cual no quiere decir que somos Dios, ya pasamos por eso antes. Significa que somos pequeños retratos de él; retratos no de su aspecto físico, porque Dios es Espíritu, pero sí de sus cualidades. Fuimos creados para reflejar la gloria de su verdad, para arder con el fuego de su santidad y sobre todo para resplandecer con la llama de su amor.

Todo esto plantea una pregunta: Si Dios nos hizo por amor, ¿por qué no nos hizo de tal manera que *tuviéramos* que amarlo? La respuesta es que no hay un *tener que* en el amor porque el amor es un compromiso de la voluntad y si *tuviéramos que* amar, no sería amor. Para ser capaces de amar a Dios, teníamos que ser capaces de alejarnos de él. Y ahí es donde comienzan las malas noticias.

Cuando Dios finalizó la creación estuvo satisfecho, todo lo que había creado era bueno, pero nosotros lo arruinamos. En lugar de estar satisfechos por haber sido creados a su imagen, quisimos tomar su lugar.

En Génesis 3 se relata cómo se nos ocurrió querer ser "como dioses", además de no esperar la instrucción divina. A esta rebelión se la llama pecado. En primer lugar, el pecado deterioró nuestra relación con Dios y nos separó de Él, luego agrió la relación entre el hombre y la mujer, hermano y hermano, una nación y otra, y también la relación entre el hombre y los seres celestiales creados.

Eso no es todo, también nos arruinó por dentro debido a que, si bien conseguimos alejarnos de Dios, fuimos diseñados para tener armonía con Él. Entonces, puesto que nuestra mente ya no le obedece, nuestros deseos y emociones ya no obedecen a nuestra mente. Pero gracias a su misericordia, algunas cosas buenas todavía existen en nosotros pero ninguna de esas cosas buenas están en su floreciente estado original, cada una de ellas ha sido fatalmente distorsionada. Incluso nuestras mejores experiencias, como el amor, se mezclan con el pecado.

Trata de vivir una semana sin egoísmo, resentimiento o lujuria, intenta vivir sin esas cosas por un día, inténtalo solo por una hora. No se puede, a menos que algo te distraiga y quizás ni aún así lo logres.

No solo estamos arruinados sino que tampoco podemos curarnos a nosotros mismos. ¿Podrías realizar una cirugía en tus ojos o tratar tu propia locura? Supongamos que te hayas arrancado los dos brazos, y no tienes manos, ¿puedes coserte por ti mismo? Nuestra enfermedad del pecado es algo así por el estilo. Podemos anhelar amar puramente pero, nuestra necesidad de ser amados se ha convertido en un ídolo que nos controla. Podemos desear ser santos pero, nuestra justicia se ha convertido en la justicia propia que nos gobierna. Podemos desear reconciliarnos con Dios pero no podemos dejar de querer ser el centro del universo.

Lo peor de todo es que estamos bajo juicio. Un Dios cuyo amor es inexorable debe rechazar todo lo que es contrario a su amor. A pesar de lo que algunas personas quieran pensar, el infierno es real.

Jesús, la misma persona que enseña que Dios es amor, advirtió sobre el infierno más que cualquier otra persona en la Biblia. En este punto deseo tener cuidado porque algunos predicadores cristianos han exagerado al no hablar de otra cosa más que el infierno y los escritores anti-cristianos han sembrado confusión llamando al infierno algo "cruel" y "sádico". Lo importante es recordar que el infierno y el cielo realmente existen: El cielo es un lugar y la condición de perfecta comunión con Dios, por otro lado, el infierno es un lugar y la condición de separación absoluta de Dios.

Algunos escritores han dicho que las llamas del infierno no son llamas reales, sino que son solo metáforas de la agonía de ser entregados a nosotros mismos. Creo que esto es probablemente cierto pero recuerda que una metáfora es solo una sombra de lo real, entonces si las llamas son una simple metáfora de esa agonía, la agonía debe ser peor que las llamas. Otros autores han dicho que nadie termina en el infierno a menos que esa persona *desee* estar consigo mismo. Una vez más creo que esto probablemente es verdad pero ¿no es cierto que cuando pecamos *todo* lo que queremos es que nos dejen tranquilos? En el infierno, Dios simplemente nos da lo que hemos querido desde el principio y ¡Él deja que los resultados naturales y horribles de nuestras elecciones lleguen a su plenitud! No nos gusta pero no hay otro lugar mejor. Ahora supongamos que Dios le dé entrada al pecador en el cielo (Él no lo haría, porque no tendrá al pecador cerca de Él; pero lo vamos a suponer), en su condición pecaminosa, el cielo mismo sería un infierno. El resplandor mismo de su amor despellejaría nuestra piel.

Por dondequiera que se vea, humanamente hablando, la situación es desesperada. Estamos deteriorados más allá de nuestra capacidad para restaurarnos a nosotros mismos y hemos caído más allá de las fuerzas que tenemos para levantarnos. Debido a nuestra propia rebelión estamos separados por una distancia infinita de nuestro creador y no tenemos el poder para acercarnos a Él. Cada uno de nosotros tiene una semilla del infierno en el interior que cada día crece un poco más y lejos de ser un milagro, un día estallará y nos devorará. No podemos salvarnos a nosotros mismos.

LAS BUENAS NOTICIAS

Desde todo punto de vista *humano* la situación es desesperada pero no es así desde la perspectiva de Dios. No podemos salvarnos a *nosotros mismos*, sin embargo, Dios nos puede salvar.

¿Cómo? ¿Puede Dios pasar por alto nuestro pecado? Bueno, él *lo* pasa por alto durante un tiempo, me refiero a que Dios no trae su juicio sobre todos nosotros de una vez. Sin embargo, esto no resuelve nuestro problema ya que no podemos reconciliarnos con Dios y al mismo tiempo ser sus enemigos, además no sabemos cómo dejar de ser sus enemigos. Nadie puede dejar de pecar simplemente decidiendo que no volverá a pecar.

Nuestro problema tiene otro lado también: Somos culpables. La infidelidad a la familia, a tu país, a tu amigo o cónyuge es muy mala, pero la infidelidad a Dios es la peor cosa en el universo. La peor acción conlleva la peor condena. Dios no sería justo si Él no ejecutara su juicio.

¿No podemos *pagar* esa condena? Bueno, en cierto sentido sí, pero en el sentido importante, no. La paga del pecado es la muerte, y no me refiero solo a la muerte física sino también a la muerte espiritual; esto no conlleva solo la pérdida de la vida, también implica la pérdida de Dios. Él hizo que este castigo fuera automático como respuesta a los hechos del pecado, exactamente de la misma manera en que ahogarse es una consecuencia automática de llenar los pulmones con agua. Supongo que, en cierto sentido, la muerte eterna podría pagar la condena por estar infinitamente en el mal pero aún así esto no resolvería nuestro problema, ¿verdad? Nunca se podría cubrir esa condena y todavía nos dejaría muertos.

¿Podría alguien pagar la pena de muerte *por* nosotros de la misma manera en que yo puedo pagar una deuda de dinero por alguien que no tiene dinero? Esa es una idea interesante pero muy difícil. Solo piense ¿qué clase de persona podría pagar nuestra deuda con Dios?

En primer lugar, para pagar nuestra deuda con Dios la persona que paga tendría que ser capaz de pagar *ese tipo* de deuda. La persona tendría que ser capaz de sufrir una muerte humana y eso significa que tendría que ser un ser humano mismo. El inconveniente aquí es que esa muerte es exactamente el problema que los seres humanos estamos tratando de evitar.

En segundo lugar, para pagar nuestra deuda con Dios, la persona que paga tendría que ser capaz de pagar *esa gran* deuda. Tendría que tener recursos infinitos, porque hemos transgredido de manera infinita contra Dios. El inconveniente aquí es que el único que tiene recursos infinitos es Dios mismo.

En tercer lugar, para pagar nuestra deuda con Dios la persona que paga tendría que ser capaz de *ponerse en el lugar* de los demás seres humanos y *representarlos*. Tendría que compartir nuestra naturaleza humana por completo y estar tan perfectamente unido con nosotros que lo que le ocurra a él cuente como si nos sucediera a nosotros. El problema aquí es que una vez tuvimos un representante en el primer hombre, Adán, pero él falló. En cuarto lugar, para poder pagar nuestra deuda con Dios la persona que paga no tendría que tener ninguna deuda, él tendría que ser *sin pecado*, completamente santo y en perfecta comunión con Dios. El inconveniente aquí es que todos nosotros hemos pecado.

En quinto lugar, para pagar nuestra deuda con Dios el que paga tendría que pagar la deuda de *buena gana*, tendría que sacrificarse a sí mismo por nosotros y dirigirse hacia la agonía que hemos acarreado para nosotros mismos con sus ojos bien abiertos y dispuesto a eso. El problema aquí es que nuestro amor no se acerca a la altura de un sacrificio de ese estilo.

Entonces para resumir estos requisitos tenemos que decir que nuestra deuda con Dios podría ser pagada solo por un ser humano, sin pecado, que cuente como un nuevo representante para la humanidad, uno que nos amara tanto que estuviera dispuesto a entregarse como pago, pero que al mismo tiempo sea Dios para que pudiese tomar nuestro lugar sin limitaciones.

En otras palabras, Dios mismo tendría que llevar nuestro castigo. Como hombre.

Y así lo hizo.

Aquel que podía pagar la pena, que no merecía, fue quien pagó por nosotros, que merecíamos pagar, pero no podíamos hacerlo. Dios, siendo completamente Dios, se hizo enteramente hombre para así poder derramarse en la cruz del verdugo como nuestro representante. Eso es lo que Jesús era, hijo de Dios e hijo del hombre al mismo tiempo y eso fue lo que hizo Jesús.

Y aún hay más. Recuerda que no somos solo culpables, sino que incluso estamos rotos. Eso significa que no solo necesitamos el perdón, sino que también necesitamos ser restaurados. Entonces, no solo necesitamos ser hechos justos delante Dios, sino que también necesitamos ser transformados. Jesús también se hizo cargo de este problema, porque no solo murió, además resucitó. Al igual que nuestra antigua vida, con su pecado y todo, puede ser clavada con Él en la cruz, también podemos ser resucitados con Él a la vida eterna con Dios. De alguna manera nuestra culpa fluye sobre él y de alguna manera su vida fluye en nosotros. Por medio de Él es que poco a poco somos capaces de llegar a vivir como nunca hubiéramos podido hacerlo antes, obedeciéndole a Él más profundamente de lo que nunca lo hicimos antes.

La vida eterna no solo significa vivir para siempre, también quiere decir que se vive para siempre con un nuevo tipo de vida. Inicia con la cancelación de la maldición pero continúa hasta llegar a la santidad perfecta; inicia con el perdón de los pecados pero continúa hasta llegar al gozo y la gloria. Piensa que la salvación es como ser adoptado en una familia. El cambio legal, donde pasamos de forasteros a hijos o hijas, se lleva a cabo en tan solo un instante, no obstante, poco a poco tú creces en tu nueva familia y alcanzas la herencia que tu nuevo Padre ha estado reservando para ti durante todo este tiempo.

Entonces la buena noticia es que por medio de Jesús, que murió por nuestros pecados y resucitó para vida eterna, Dios ha creado un camino con el fin de que nosotros podamos regresar a él, un camino para que seamos perdonados, restaurados y finalmente glorificados.

TÚ

En la universidad, y durante toda la vida, escucharás que hay muchos caminos que nos llevan a Dios pero Dios dice algo diferente a eso. Imagínate por un momento que estás solo en el fondo de un pozo y ese pozo está a kilómetros de profundidad pero apenas es lo suficientemente ancho para estar de pie. Sus lados están hechos de vidrio liso y resbaladizo y no tienes de donde aferrarte ni punto de apoyo. El agua está hasta la barbilla y continua subiendo.

Entonces una voz desciende de lo alto del pozo. Dios está llamando: "¡Estoy lanzando una cuerda, si confías lo suficiente como para sujetarte y aguantar, yo te subiré!". Con toda certeza la cuerda llega delante de ti, está a tu alcance.

Jesús es la cuerda, no hay ningún otro, Él mismo lo dijo.

¿Qué significa sujetarte y sostenerte a esa cuerda? Representa tener fe en Jesucristo como Aquel que pagó el precio por los pecados y que es quien te salva. La fe es algo más que creer con la cabeza, significa dejar de confiar en todas las cosas en las que has confiado antes y en su lugar poner toda tu confianza en Cristo Jesús. Esto significa que tú admites que eres un traidor y pecador y que no puedes acercarte a Dios por tu propia cuenta. Esto significa que tú le dices al Señor con todo su corazón, con toda su mente, alma y fuerza: "¡Jesús, lo siento, por favor perdóname. Hazme una persona internamente justa y transforma mi vida. Haz lo que tengas que hacer y no te detengas hasta que yo sea formado como Tú quieres. Ayúdame a seguirte y obedecerte. *¡Confío en ti, a partir de este momento!*"

La realidad es que tú no puedes *tener la intensión* de hacer una oración así a menos que el Espíritu Santo te ayude, Él si puede. Eso es parte de lo que Él hace. Comienza con la ayuda que Él te está dando en este momento, sea lo que sea, acéptala y pide su ayuda para el siguiente paso. Si no estás realmente arrepentido de tus pecados, al menos arrepiéntete de que no lo estés, pide y confía en Él para que cambie tu corazón a un verdadero arrepentimiento por todo. Si no confías en Él enteramente para tu salvación, al menos empieza por *desear* confiar en Dios, y pide y confía en Él para que te habilite a confiar en Él más. Si no quieres dejar de lado tu antigua vida, al menos desea poder hacerlo, pide y confía en Él para que la puedas abandonar.

A lo largo de la vida, Dios te levanta por medio de la cuerda de Jesús, pasarás por tiempos de gloria, como también por desánimos. Recuerda que a medida que pases por los tiempos de desánimo Dios te lleva en sus brazos a través de ellos, ya sea que *sientas* o no sientas su presencia. ¡Aférrate fuertemente! Recuerda que a medida que pases a través de los tiempos de gloria, el recorrido no ha terminado aunque así *lo sientas*. ¡Sujétate fuerte de nuevo!

Un día, cuando el largo recorrido haya terminado, el Señor mismo te dará la bienvenida en la cima.

LO QUE EL MUNDO PIENSA DE SÍ MISMO

LA COLINA DE ARES

Desde que Adán y Eva pecaron la primera vez, la gente ha inventado falsos dioses e ideas impías acerca de cómo son realmente las cosas. Ellos han hecho esto para justificar su rechazo al verdadero Dios y lo que Él dice acerca de cómo son realmente las cosas. Esto puede parecer una declaración fuerte, la Biblia no está de acuerdo con la opinión de que es difícil encontrarse con Dios, sin embargo, esta declaración solo afirma que las personas hacen que sea difícil. El apóstol Pablo escribió que la verdad acerca de Dios era algo "simple" a los paganos y que en cierto sentido ellos ya la "sabían" pero que la "suprimieron" por su maldad (lee Romanos 1:18-23). Jesús hizo esto más claro cuando dijo que el que busca, encuentra. Si eso es cierto, entonces aquellos que no encuentran es porque no están buscando de todo corazón, estas personas solo se lo repiten a ellas mismas para creerlo (lee Mateo 7:7-8).

En el mundo antiguo, la ciudad griega de Atenas fue uno de los lugares en los que todos los diferentes dioses e ideas se debatieron. Atenas estaba llena de altares a dioses paganos como Atenea, Zeus y Ares, así como de maestros de filosofías paganas como el platonismo, el estoicismo y el epicureísmo. A los atenienses les gustaba oír hablar de nuevas enseñanzas incluso en el mercado pero tenían un lugar llamado el Areópago ("La Colina de Ares"), donde pasaban todo su tiempo escuchando y hablando de filosofías, religiones y dioses de su propia tierra y de otros lugares.

La gente de todo el mundo consideraba que los atenienses eran los más sabios de los griegos, no obstante, los mismos atenienses parecían tener ideas encontradas sobre el asunto. Por un lado, ellos sentían que su supuesta sabiduría estaba incompleta, que algo importante faltaba en ella. Tanto es así que tenían un altar en medio de la ciudad con la inscripción de "AL DIOS NO CONOCIDO" (Hechos 17:23). Uno de sus más famosos filósofos, Sócrates, solía decir que lo único que sabía con certeza era que no sabía nada a ciencia cierta.

Por otra parte, los atenienses cubrían sus dudas con orgullo. A pesar de que les gustaba escuchar "cosas nuevas", en realidad no creían que nadie les podía enseñar nada que no supieran ya. Como resultado, los debates que se daban en la Colina de Ares, en parte, eran una búsqueda de la verdad pero en parte eran solo un juego intelectual. El juego podría llamarse escondidas, ya que los jugadores utilizan diferentes filosofías y religiones tanto para esconderse de Dios como para encontrarlo.

Podemos echar un vistazo a este juego intelectual en la historia de la visita de Pablo a Atenas que se narra en el Nuevo Testamento, en el libro de Hechos (17:16-34). Tan pronto como ciertos filósofos escucharon la enseñanza de Pablo sobre Jesús en el mercado, pensaron ¡algo nuevo! y lo apresuraron para que fuese a La Colina de Ares con el fin de que repitiera sus palabras allí. Pero una vez que lo tenían en el Areópago, su actitud cambió. Tal vez esperaban que Pablo enseñara sobre una nueva *teoría* acerca de Dios y en su lugar, Pablo enseñó lo que Dios *en realidad había hecho*. La resurrección fue demasiado para ellos, era más realidad de la que querían tratar. Algunos de los oyentes se burlaron abiertamente de Pablo y otros le dijeron que volviera en otro momento, ¿estaban interesados? o ¿estaban bostezando? Entonces la clase en La Colina de Ares no resultó exactamente como una cruzada de Billy Graham, sin embargo, unos pocos oyentes se convirtieron en creyentes; por ejemplo, la Biblia menciona a una mujer llamada Damaris y a un hombre llamado Dionisio. Después de esa reunión se convirtieron otros. De hecho, los documentos históricos sugieren que Dionisio se convirtió en el primer obispo de la iglesia en Atenas.

En el mundo moderno, los Estados Unidos es muy parecido a Atenas y la universidad es muy similar a la Colina de Ares. Así como en el Areópago, hay cosas importantes que aprender en la universidad pero también hay muchos falsos dioses y filosofías impías. Al igual que en el Areópago, los estudiantes y profesores se dan cuenta de que hay algo que falta en todo su aprendizaje, sin embargo, todavía se creen más sabios que los demás. Del mismo modo que en el Areópago, los debates del predio de la universidad son solo en parte una búsqueda de la verdad y en parte un juego intelectual pero al igual que en el Areópago, algunas personas van a escuchar y creer.

Hoy en día en el predio de la universidad, las filosofías y puntos de vista anticristianos más influyentes incluyen el "naturalismo" que es una filosofía antigua, una nueva llamada "postmodernismo" y una actitud religiosa a la que llamo la "Espiritualidad de hágalo usted mismo". Vamos a revisar cada una de estas posturas más de cerca.

EL NATURALISMO

El naturalismo es la creencia de que el mundo material de la naturaleza es todo lo que hay, todo lo que siempre ha sido y todo lo que hay siempre será, nada de lo sobrenatural es real. Si el naturalismo es cierto, entonces no hay ningún Dios. Por lo demás, si el naturalismo es cierto, entonces no hay nada en absoluto, excepto las partículas de materia en movimiento. Nada más es real.

La mayoría de los naturalistas también piensan que la verdad del naturalismo es obvia para cualquier persona racional, muchos incluso piensan que de alguna manera se ha demostrado por la ciencia y llegan a la conclusión de que la fe es irracional, que la creencia en Dios es superstición y que los cristianos son personas demasiado débiles mentales para hacer frente a los hechos.

Probablemente la mayoría de tus profesores universitarios sean naturalistas. ¿Cómo vas a ser capaz de saber eso? Una estudiante me escribió acerca de su experiencia en una clase de ética. El libro de texto mencionaba dos tipos de teorías principales acerca de dónde proviene de la moral: la supernaturalista y la naturalista. Las teorías supernaturalistas dicen que la moral viene de Dios y las teorías naturalistas dicen que no proviene de Dios. Por desgracia, el libro de texto consideraba solamente las teorías naturalistas. La estudiante me dijo: "Cuando le pregunté al profesor por qué se aferró a una visión tan limitada, él me contestó que le dijeron que no tendríamos tiempo para tales teorías supersticiosas y anticuadas". Como se ve, en un primer momento el profesor trató de ignorar el cristianismo y luego cuando se ve confrontado por la pregunta y se hace imposible hacer caso omiso del asunto el simplemente trató a la estudiante con desprecio.

Sin embargo, la mayoría de los naturalistas prefieren un enfoque más sutil. En lugar de insultar abiertamente al cristianismo, se muestran condescendientes y le otorgan el tipo de cumplidos que uno le da a los niños y a los ingenuos, o utilizan declaraciones "como nosotros sabemos ahora": *"Como nosotros sabemos ahora*, no hay vida después de la muerte". Este tipo de afirmaciones a menudo son introducidas por los enunciados de "Antes se pensaba": *"Antes se pensaba* que las leyes morales nos fueron dadas por un Dios o dioses, pero *como sabemos ahora*, la humanidad fue quien produjo las leyes morales para sí misma". Cada vez que un profesor haga una afirmación de "como nosotros sabemos ahora" pregúntate ¿a quién se refiere con 'nosotros' y cómo es que 'sabemos'?" Si todavía no estás listo para el debate público, hazte esas preguntas a ti mismo. Si haces las preguntas en voz alta, se respetuoso. Tu objetivo no es mostrar que el profesor está mal, sino simplemente que no está tomando en serio los argumentos legítimos del otro lado.

Los naturalistas más agresivos se encuentran generalmente en los departamentos de biología darwiniana, donde la creencia en un Creador se ignora o se define como poco científica. No te distraigas: nuestro desacuerdo con los naturalistas no se trata de si Dios tomó millones de años para crearnos o solo le tomó un corto tiempo; se puede creer de cualquier manera sobre eso y seguir siendo cristiano. Nuestro desacuerdo con los naturalistas se trata si Dios no tuvo del todo nada que ver con nuestra aparición en la escena o si somos "planeados" o "accidentales". "*Como nosotros sabemos ahora*", dicen los biólogos naturalistas, "el hombre es el resultado de un proceso sin propósito y natural que no nos tenía en mente."[3] Por desgracia, en este caso, no es suficiente para preguntarle al profesor: "¿Qué quiere decir usted con 'nosotros' y cómo es que 'sabemos'?" Él tiene la respuesta preparada para ti. Él te va a decir: "Nosotros, se refiere a todo el mundo que está familiarizado con los hallazgos de la ciencia", y además te dirá:" ¿qué, cómo sabemos? Existe evidencia científica que demuestra abrumadoramente que Darwin tenía razón". Pero *tú* tienes una respuesta también si estás dispuesto a utilizarla: ¡Cada vez más científicos, incluyendo a los naturalistas, admiten que la evidencia no demuestra tal cosa![4]

Para comprobar este punto, solicítale a tu profesor que lea las siguientes palabras del paleontólogo de Harvard, Richard Lewontin.[5] Como cada naturalista, Lewontin cree que el mundo material de la naturaleza es todo lo que existe pero también confiesa algo que muchos de sus compañeros de naturalistas preferirían negar. La confesión es que todos ellos creen en el naturalismo, *a pesar de* la evidencia, no gracias a la misma. Por ejemplo, a pesar de que la evidencia sugiere fuertemente que los seres vivos son el resultado de un diseño inteligente, los naturalistas están desesperados por demostrar que eso no puede ser.[6] La mayoría de nosotros llamaría a la necesidad de ignorar la evidencia "prejuicio". Curiosamente, Lewontin le llama a esta posición "¡tomar el lado de la ciencia!". Mira por ti mismo:

> *Nos ponemos del lado de la ciencia a pesar de lo patentemente absurdo de algunas de sus construcciones,... a pesar de la tolerancia de la comunidad científica a los relatos clarificadores sin fundamento, porque tenemos un compromiso previo, un compromiso con el materialismo. No es que los métodos e instituciones de la ciencia nos obliguen a aceptar una explicación material del mundo fenomenal, sino que por el contrario, estamos forzados por nuestra adhesión a priori a causas materiales para crear un aparato de investigación y un conjunto de conceptos que produzcan explicaciones materiales, sin importar cuán en contra de la intuición estén, sin importar qué tan desconcertantes sean para los no iniciados. Por otra parte, ese materialismo es absoluto, ya que no podemos permitir un Pie Divino en la puerta.*[7]

Esta sorprendente confesión es importante porque demuestra que lo que los naturalistas llaman "ciencia" no es realmente la ciencia, ¡al menos no si la ciencia significa seguir la evidencia! A los naturalistas les gusta pensar que son como defensores valientes del razonamiento claro que están en contra la superstición irracional pero en realidad el naturalismo en sí mismo es la superstición. No está apoyado por el razonamiento, sino por una ciega hostilidad ante la evidencia de Dios.[8]

Ora para que tus profesores finalmente se cansen de sus juegos. Como escribió Blas Pascal hace mucho tiempo: "Es bueno estar cansado y fatigado por la vana búsqueda del verdadero bien, de tal manera que podamos extender nuestros brazos al Redentor."⁹

EL POSMODERNISMO

El posmodernismo es la creencia de que nada se mantiene unido, sino que todo está en pedazos. Por ejemplo:

Un posmodernista piensa que la *verdad* está fragmentada. Él no cree en una verdad que sea la misma para todo el mundo; él cree en "historias" o "narrativas" o "discursos" que son diferentes para cada grupo. Una raza cuenta una historia sobre los pioneros levantando la civilización en el desierto, otra historia habla sobre una raza que se hace cargo de su tierra. Una religión habla sobre Dios salvando al hombre; otra religión habla sobre el hombre salvándose a sí mismo. Si intenta preguntarles: "Pero ¿no deberíamos averiguar si alguna de estas historias es *cierta*?", el posmodernista balbuceará algo como "gente que quiere imponer sus historias en otros".

Un posmodernista piensa que la *personalidad* está fragmentada. Él no cree en un alma, un ser, un "yo" que mantiene su identidad y es responsable de todo lo que hace. A lo sumo, la gente usa máscaras o juega roles diferentes en cada momento. El domingo desempeña el papel de Santo, de lunes el papel de Pecador, el martes se pone la máscara de Buena Chica, el miércoles la máscara de Vagabunda. Ahora si tú intentas preguntar: "¿Pero si yo juego todos estos papeles, no hay un "Yo" que los actúa? ¿Debajo de todas mis máscaras, no hay una cara?" El posmodernista volteará los ojos en blanco y te dirá que tú no lo entiendes.

Un posmodernista piensa que la *vida* está fragmentada. El no cree que su vida vaya hacia alguna parte, que tenga un tema, que se trate *sobre* algo y tampoco cree que la suya vaya para alguna parte. A lo sumo piensa que la vida es solo una serie de "proyectos" y relaciones. En enero está "con" una persona; en febrero está "con" otra. Durante marzo está "en" una actividad pero en abril está "en" otra. Si intentas preguntar: "¿Pero no debería haber algún tipo de compromiso o de continuidad a la vida?, ¿la vida no debería tener un núcleo o centro?" es muy probable que el posmodernista cambie el tema.

El mayor problema que enfrentan los posmodernos es la falta de sentido. Los diferentes tipos de posmodernistas le hacen frente a la falta de sentido de diferentes maneras.

Los posmodernistas *macho* dicen: "Quizás no exista un sentido pero soy lo suficientemente valiente como para vivir sin él". Esa es solo una postura ya que ellos realmente no pueden vivir sin sentido, lo buscan en la idea de vivir con valor. El problema es que ellos no tienen nada por qué ser valientes.

Los posmodernistas *pop* dicen: "El sentido es un lastre ¿quién lo necesita? Yo soy tan genial que me gusta la vida sin sentido". Esa también es una postura ya que a ellos no les gusta realmente una vida sin sentido y buscan un sentido al aparentar que les gusta estar sin sentido y en ser geniales. El problema es que al vivir una vida sin sentido, ser genial es tan inútil como todo lo demás es.

Los posmodernistas *políticos* dicen: "Si necesito un sentido, lo puedo obtener de mi grupo. Todo lo que digamos es verdad, es verdad para nosotros". El problema es que no hay tal cosa como una "verdad para nosotros". Si el grupo dijera que violar es correcto ¿estaría bien? Si el grupo dice que los bebés son alimañas, ¿los bebés serían alimañas? Si el grupo dice que un hombre y su perro están casados, ¿de verdad están casados? En los ojos del grupo, seguro, pero en la realidad, no. No podemos cambiar la realidad cambiando la forma en que hablamos; solo podemos pretender cambiarla.

La mayoría de los posmodernistas son una mezcla de tres sabores: un poco de machista, un toque de pop y una pizca de política. Algunos de ellos llevan con orgullo la etiqueta posmodernista, otros minimizan su postmodernismo y dicen que solo los posmodernos "extremos" creen que no hay sentido y que ellos no son extremistas. Pero el carecer de sentido es el *punto* de la posmodernidad y no hay mucho que se pueda hacer para moderarlo.

Ora para que Dios le muestre a tus profesores la locura de tratar de encontrar el sentido a la falta de sentido. Como el apóstol Pablo escribió: "¿No ha enloquecido Dios la sabiduría del mundo? Pues ya que en la sabiduría de Dios, el mundo no conoció a Dios mediante la sabiduría, agradó a Dios salvar a los creyentes por la locura de la predicación."(1 Corintios 1:20-21)

LA ESPIRITUALIDAD DE HÁGALO USTED MISMO

La espiritualidad de hágalo usted mismo es la creencia de que todo el mundo crea su propio punto de vista acerca de Dios y la realidad absoluta, además que la mejor manera de hacerlo es reunir ideas atractivas de diversas fuentes como las religiones, filosofías e incluso películas y programas de televisión. Casi llamo a esta sección "El guiso espiritual" porque la persona que es un 'hágalo usted mismo' es como un cocinero aficionado, que mezcla todos los ingredientes elegidos con la esperanza de que el resultado no tenga tan mal gusto. Un 'hágalo usted mismo' puede creer en la reencarnación, los cristales y la astrología; otro puede creer en los ángeles, los santos y la canalización de la energía. Todavía otro puede haber visto demasiadas películas de *La Guerra de las Galaxias* y creer que "La Fuerza" está con él. Algunos 'hágalo usted mismo' son hostiles a la religión organizada, otros pertenecen a las religiones organizadas pero escogen y eligen en qué creer y varios incluso comienzan sus propias religiones (así es cómo se inició el mormonismo, la Ciencia Cristiana y la Cienciología).

Debido a esta variedad, no puedo decir que "Todos los 'hágalo usted mismo' creen esto" o "Todas los 'hágalo usted mismo' creen aquello". Pero te puedo decir algunas cosas que por lo *general* creen y también te puedo decir algunas cosas que nunca creen, o al menos no creen de manera *consistente*. Veamos primero lo que por lo "general" creen:

Los 'hágalo usted mismo' por lo general creen que, aunque las religiones del mundo son muy diferentes en los rituales y formalidades, todas ellas enseñan realmente la misma cosa. Por desgracia, esto es lo contrario de la verdad. Como el escritor G. K. Chesterton comentó: "Las religiones de la tierra no difieren en gran medida en los ritos y formas; ella difieren en gran medida en lo que enseñan".[10] Para probar el punto se puede decir que ¡las personas que afirman que todas las religiones enseñan la misma cosa tienen diferentes puntos de vista sobre qué es "la misma cosa"!

Los 'hágalo usted mismo' suelen elegir las creencias de acuerdo con "lo que me hace sentir bien" en lugar de "lo que probablemente sea verdad". Por ejemplo, pueden creer en la reencarnación porque les da muchas oportunidades, en un Dios despreocupado porque él no tomaría en serio sus pecados o en la divinidad de cada ser humano, ya que quieren tener las cosas a su manera.

Los 'hágalo usted mismo' suelen no invertir mucho en el razonamiento lógico. Aunque hay excepciones, la mayoría de los 'hágalo usted mismo' encuentran al razonamiento lógico como una amenaza ya que descubre los defectos e inconsistencias en su cosmovisión. Para sacudir los retos lógicos, dicen cosas como éstas: "Deja de ser tan intolerante", "la realidad es mayor que la lógica", "dos creencias opuestas pueden ser verdaderas a la vez", "esto no se trata de un razonamiento, se trata de la fe", "no se puede probar nada de todos modos, así que ¿para qué sirve?"

Veamos ahora a los "nunca":

Los 'hágalo usted mismo' nunca creen de manera consistente que la Biblia es una verdadera revelación de Dios. La Biblia condena el 'hágalo usted mismo'. Si los 'hágalo usted mismo' creyeran que es una verdadera revelación,

¿cómo podría seguir siendo *constantemente* un 'hágalo usted mismo'? ¿Cómo podrían justificar *constantemente* el crear sus propios puntos de vista acerca de Dios y la realidad absoluta, si la verdad acerca de estas cosas ya fue escrita?

Los 'hágalo usted mismo' nunca creen de manera consistente lo que la Biblia enseña. Si los 'hágalo usted mismo' creyeran consistentemente en lo que la Biblia enseña, entonces tendrían que creer en su condena por ser 'hágalo usted mismo'. Algunos dicen que creen lo que la Biblia dice pero toman las palabras fuera de contexto y tuercen los significados. A menudo justifican sus interpretaciones extrañas, alegando tener una visión especial que nadie más posee. Por ejemplo, la fundadora de la secta de la Ciencia Cristiana, Mary Baker Eddy, aseguró tener la "llave" de las Escrituras y el fundador de la secta mormona, Joseph Smith, afirmó que era la única persona que vivía con una "traducción correcta".

Los 'hágalo usted mismo' nunca creen de manera consistente que Jesús fue realmente quien decía ser. Si creyeran *consistentemente* que Él era quien decía que era, entonces tendrían que creer que Él es el Camino, la Verdad y la Vida y eso haría imposible (e innecesario) la existencia del 'hágalo usted mismo'. Algunos dicen que creen que Jesús era quien decía ser pero en lugar de buscar el sentido de sus palabras, tuercen sus palabras con significados propios. Por ejemplo, muchas personas influenciadas por el movimiento de la nueva era dicen: "Sí, Jesús era Dios. Todos somos Dios". ¡No hace falta decir que Jesús nunca enseñó que todo el mundo es Dios!

UNAS GOTAS DE VERDAD

Vamos a echar un vistazo a la carretera que hemos recorrido en este capítulo. Al igual que la Colina de Ares, la universidad está llena de diferentes creencias acerca de Dios y la realidad absoluta. Aunque el debate sobre estas cosmovisiones se mantiene continuamente, es solo en parte, una búsqueda de la verdad. La otra parte es un juego intelectual en el que los jugadores pretenden estar buscando la verdad pero realmente están más interesados en ocultarse de ella. Muchos de sus profesores serán *naturalistas*, personas que piensan que el mundo material de la naturaleza es todo lo que existe. Algunos serán *naturalistas metodológicos*, personas que no creen realmente que la naturaleza material es todo lo que existe pero confusamente creen que deberían actuar como si así fuera. Habrá bastantes *posmodernistas*, o sea las personas que piensan que la vida, la verdad y la personalidad están fragmentadas, que nada se mantiene unido en absoluto. También conocerás a muchos *espirituales hágalo usted mismo*, personas que mezclan y combinan las ideas atractivas de todo tipo de fuentes con el fin de preparar rápidamente sus propios puntos de vista acerca de Dios y la realidad última. Ni el naturalismo, el posmodernismo, ni el 'hágalo usted mismo' es compatible con la enseñanza bíblica.

Por supuesto, el naturalismo contiene una gota de verdad, porque la naturaleza es real. Sin embargo, el naturalismo se equivoca porque la naturaleza material no es todo lo que existe. Mayor que la naturaleza es Dios, quien la creó y no solo eso, Él puso mucho más que materia en su creación. Dios también puso cosas en la creación como el sentido, el alma y lo correcto e incorrecto. Es por eso que los cristianos no son naturalistas.

El posmodernismo también contiene una gota de verdad, porque cuando tratamos de vivir al margen de Dios, todo se desmorona. Pero el postmodernismo se equivoca ya que no tenemos que vivir separados de Dios, quien nos invita a tener comunión con Él a través de Jesucristo. Cuando aceptamos su invitación, todo lo que estaba doblado se endereza y todo lo que estaba roto es sanado. Es por eso que los cristianos no son los posmodernos.

Incluso los de la espiritualidad 'hágalo usted mismo' contienen una gota de verdad, ya que cuando ignoramos la revelación propia de Dios, pareciera como si nada pudiese ser verdad. No obstante los 'hágalo usted mismo' están equivocados porque no tenemos que ignorar la revelación de Dios. No es necesario incitar nuestros propios puntos de vista sobre Dios y la última realidad, porque Dios mismo nos ha dicho la verdad sobre las cosas que necesitamos saber. Y por eso los cristianos no son 'hágalo usted mismo'.[11]

Antes de terminar este capítulo tengo que hacer una pequeña confesión. En aras de la claridad, he compartido los nombres de las tres principales cosmovisiones del mundo en el predio de la universidad y le expliqué cada una. Al hacer esto, puede que haya dado dos falsas impresiones.

Una de ellas es que la gente *sabe lo que son*, en otras palabras los naturalistas saben que son naturalistas, los postmodernistas saben que son posmodernos y los 'hágalo usted mismo' saben que son los 'hágalo usted mismo'; y eso no es así, porque incluso en la universidad un buen número de personas no son conscientes de lo que realmente creen.

La otra falsa impresión es que los naturalistas, los posmodernos y los 'hágalo usted mismo' son *grupos completamente distintos*, como los perros, gatos y hámsteres; tampoco eso es así. Por ejemplo, algunas personas son una mitad naturalista y la otra mitad posmodernista y creen que *si no hay nada real excepto la naturaleza material, entonces nada tiene sentido*. Otros son la mitad posmodernistas y la mitad 'hágalo usted mismo' y creen que, si nada tiene sentido en sí mismo, puedo crear cualquier *sentido que quiera*.

La única roca firme en toda esta arena movediza es Jesucristo. Sujétate a él, aférrate a su Palabra, aférrate a tus compañeros en la fe y vas a estar bien.

4

CÓMO HABLAR CON LOS AMIGOS NO CRISTIANOS

Cuando Rebecca llegó a la universidad la pusieron en un dormitorio con otras tres chicas. Ellas hablaban de todo y parecía que nunca se paraban. Danielle dijo que era una "persona muy espiritual" pero no creía en la religión organizada. Abby pertenecía al movimiento de la nueva era, quemaba incienso y hablaba mucho de su "yo superior". Amy había ido a la iglesia unas cuantas veces y "suponía que era cristiana" pero creía en la reencarnación y escuchaba embelesada todo lo que Abby decía. Cuando Rebecca dijo que Jesucristo era lo más importante en su vida, todas las demás mostraron un cálido apoyo, por lo que Rebecca pensó que su calidez era una respuesta al mensaje del evangelio. Sin embargo, resultó que sus compañeras de cuarto se mostraron igualmente solidarias cuando Danielle dijo que andar en bicicleta de montaña era lo más importante en su vida, Abby dijo que su "divinidad interior" era lo más importante en su vida y Amy dijo: "Creo que realmente todas estamos diciendo la misma cosa". Ante esto Rebecca estaba desconcertada.

Cuando Mike tomó una clase de química orgánica, se unió a un grupo de estudio organizado por dos de sus compañeros de clase. Nadie mantenía el orden y a veces la discusión se salía del tema de clase, siendo que de vez en cuando el tema que terminaban abordando era la religión. Había un chico llamado Nick que parecía tener todas sus ideas religiosas basadas en *Star Trek: The Next Generation* (Viaje a las estrellas: La nueva generación) y hablaba de los personajes como si fueran personas reales. Luego estaban Todd, el evolucionista; Dan, el agnóstico; y Lauren, quien no quiso decir lo que ella creía. Un día Mike mencionó que él era cristiano, los otros simplemente lo ignoraron, por lo que nunca más mencionó su fe de nuevo.

En la universidad vas a tener muchos amigos y conocidos y no todos van a ser cristianos; naturalmente, tu deseas compartir la fe con ellos. ¿Pero cómo? En cierto modo, ahora es mucho más fácil de lo que era en la época de tus padres. En aquel entonces, la gente solía decir "este es un país cristiano" y como resultado, la identidad de la fe cristiana era borrosa. Las personas tendían a asumir que todo el mundo era cristiano o al menos que todos los que se esforzaban y se mantenían lejos de problemas eran cristianos. Como resultado, una persona podía vivir toda su vida sin saber que no era cristiana, por lo que en aquel tiempo no se sabía a quién evangelizar. Otro efecto fue que el cristianismo parecía formar parte de lo "establecido", por lo que si la gente estaba enfadada por algo, se enojaban con el cristianismo también. Sin embargo, todo eso ha cambiado y hoy en día muy pocas personas dicen que "este es un país cristiano", por otro lado, las personas que no son cristianas por lo general saben que no lo son, así que tu sabes a quien puedes evangelizar. El ser cristiano ya no parece como lo "establecido" que hay que hacer; de hecho, incluso parece atrevido y contracultural. Así que el compartir la fe se ha vuelto más fácil en todas estas formas.

Pero en otros aspectos, compartir la fe se ha vuelto más difícil. En los días de tus padres, incluso las personas que nunca habían puesto un pie en una iglesia sabían *algo* acerca de la fe cristiana. Sabían que la Biblia tiene un antiguo y un nuevo testamento y sabían que la Biblia dice que solo hay un Dios. También las personas sabían sobre

Abraham y Moisés, los Diez Mandamientos, el cielo y el infierno. Incluso sabían que Jesús era Dios en forma humana y que tenía que nacer entre nosotros como un bebé y vivir entre nosotros como un hombre. Las personas sabían que Jesús tenía que morir en la cruz por nuestros pecados y resucitar después de tres días. Todo eso ha cambiado demasiado y no se puede dar por sentado más que la gente sabe algo sobre el cristianismo. Incluso las personas que han ido a la iglesia toda su vida (o dicen que han ido) pueden ser completamente ignorantes con respecto a lo que los cristianos creen. No solo eso, hoy en día el cristianismo es a menudo tratado con hostilidad.

Bueno, este es un capítulo totalmente práctico y escrito para ayudarte a hablar acerca de Jesucristo con tus amigos y conocidos de la universidad. Primero, tiene una parte breve con consejos sobre cómo empezar a compartir la fe. A continuación, viene una larga sección sobre cómo hacer frente a las preguntas de tus amigos. La razón por la que esta sección es tan larga es que las preguntas vienen en tres diferentes variedades, cada una de las cuales tiene que ser manejada de manera distinta: preguntas simples, preguntas que plantean objeciones y preguntas que son realmente cortinas de humo para otras cuestiones que permanecen ocultas. También hablaremos de cómo hacer frente a los conflictos de estilo de vida, la fricción que resulta de la diferencia entre cómo tú vives y cómo viven algunos de tus amigos no creyentes, y por último hablaremos de quién influye en los otros, ese difícil problema de cómo pasar tiempo con los incrédulos sin dejar que la cosmovisión del mundo y los estilos de vida se te peguen a ti.

CÓMO INICIAR

El mejor consejo que te puedo dar sobre cómo empezar es (1) orar, (2) orar, (3) orar, (4) orar, (5) orar, (6) orar y (7) orar. Estas son siete "oraciones". Permítame explicarte lo que quiero decir.

En primer lugar, ora para tener *la oportunidad* de compartir la fe. Pocos años después de mi propia conversión, Cristo fortaleció en mí el deseo de hablarle a otros acerca de Él. Pero ¿cómo podría hacerlo? Parece que la oportunidad nunca surge, entonces oré: "Señor, has prometido que Tu poder se perfecciona en nuestra debilidad, yo ni siquiera sé cómo empezar una conversación acerca de Ti. Por favor, crea ocasiones. Y por favor, Señor, hazlas tan evidentes que incluso yo no pueda dejar de verlas". Esa semana, en tres ocasiones distintas, tres personas diferentes me preguntaron acerca de Dios. En cada situación, la pregunta fue completamente inesperada, como si se hubiera salido de la nada. Yo sabía que Dios estaba respondiendo a mi oración.

En segundo lugar, ora para *estar listo* a compartir la fe. Si oras por oportunidades, Dios las enviará pero si tú no estás listo ni siquiera las podrás notar. Mira las siguientes ocasiones: Una oportunidad: tú y tu compañero de ráquetbol se duchan después de un juego y entonces el compañero menciona que tiene algunos problemas personales y dice: "¿Me pregunto si Dios sabe que estoy vivo?". Otra oportunidad: tú y tu compañero de cuarto están de pie en la línea de la caja de un supermercado, están al lado del puesto de revistas, de pronto tu compañero te mira, se ríe y señala un tabloide con el titular "Los científicos informan: Jesús es un extraterrestre". Siguiente oportunidad: estás comiendo hamburguesas con una compañera de clase, ella proviene de China continental y dice: "En algún momento en mi país se suponía que todos debíamos creer en el comunismo. Ahora los jóvenes como yo nos preguntamos en qué creer".

En tercer lugar, ora por *la prudencia* al compartir la fe. Del mismo modo en que hay un tiempo y un lugar para hablar, hay un tiempo y un lugar para *no* hablar. En la historia de Rebecca y sus compañeras en la primera sección de este capítulo, Rebecca podría haber ganado más terreno si hubiera buscado una oportunidad para hablar con cada amiga en privado en lugar de hablar cuando estaban todas juntas. El hecho de estar en una habitación parecía poner a las chicas en "modo cálido difuso" y querían "apoyarse" entre sí por lo que no estaban en ningún estado de ánimo para considerar si las cosas que se decían eran realmente buenas o verdaderas. En la historia de Mike y su grupo de estudio, probablemente estuvo bien que Mike se mantuviera callado cuando lo hizo. Tú no puedes hacer que las personas escuchen cuando no quieren y si se intenta, puedes estar buscando problemas (lee Mateo 7:6). Sin embargo, en lugar de haberse desanimado, Mike debió haber permanecido alerta por otra oportunidad. Alguien podría haber estado interesado en lo que dijo pero pudo haber tenido miedo de decirlo. Dios podría haber abierto una puerta para que Mike hablara después, en otra ocasión.

En cuarto lugar, ora por *las palabras* que dirás para compartir tu fe. Hay un sentido en el que uno puede prepararse y otro en el que no se puede. Puedes prepararte al caminar con Dios, estudiar y memorizar las Escrituras, intercambiar historias de evangelismo con amigos cristianos y leer libros como éste. Sin embargo, uno no se puede preparar en el sentido de que no se puede saber de antemano exactamente qué problemas pueden surgir en una conversación, qué factores podrían estar detrás de los problemas y lo que un amigo puede necesitar escuchar más. Ora, no solo antes de hablar, sino también mientras estás hablando, "Porque no sois vosotros los que habláis, sino el Espíritu de vuestro Padre que habla en vosotros." (Mateo 10:20) Además recuerda qué es lo que tiene que ir junto a tus palabras. Hay un dicho entre los cristianos que va así: "Debes vivir lo que hablas y hablar lo que vives". Esto significa que si te limitas a hablar como un cristiano y no vives como un cristiano, Cristo no te puede usar. Tu vida tiene que ser como la de Jesús y eso debe estar incluido en tu oración.

En quinto lugar, ora por paciencia para *escuchar* mientras compartes la fe. ¿Alguna vez has presionado el botón de la impresora para hacer una sola fotocopia y te encuentras que la máquina estaba programada para hacer un centenar de copias y no sabes cómo hacer para que se detenga la impresora? Con toda seguridad no querrás que tu amigo sienta como si tu eres esa máquina. Si uno no está dispuesto a escuchar, él tampoco querrá oír. No es tu trabajo "imprimir" todo lo que sabes.

En sexto lugar, ora a Dios para que *prepare el corazón y la mente* de tu amigo para el momento en que compartas la fe. Recuerda que no puedes hacer que una persona se reconcilie con Dios, solo Dios puede hacer eso y solo Él puede derribar las barreras internas. Nosotros, los seres humanos necesitamos la ayuda de Dios para querer su ayuda y aún para aceptarla.

En séptimo lugar, ora para *agradecer* a Dios por la oportunidad de glorificar su nombre. No te preocupes si tu amigo recibió a Cristo o no, ora de todos modos. Nunca se puede saber cómo Dios te ha utilizado. Para explicar esto, el apóstol Pablo usó el lenguaje de la agricultura. Una persona puede plantar las semillas, otro puede regar las semillas que plantó otra persona y aún otro puede recoger la cosecha. De la misma manera, Dios puede usar a una persona simplemente para conseguir que alguien piense sobre el tema, otra para que le explique el Evangelio y otro que lo conducirá a la fe en Cristo. "Así que ni el que planta es algo, ni el que riega, sino Dios, que da el crecimiento." (1 Corintios 3:7)

Una reflexión final. El título de esta sección es "Cómo iniciar" y esto no se trata solo de cómo empezar a compartir tu fe ya que si un amigo recibe a Cristo, entonces significa que ¡se inicia en una relación con un nuevo hermano o hermana en Cristo!

Presenta a tu amigo a otros cristianos, llévalo a tu comunidad cristiana de la universidad, llévalo a la iglesia, hagan cosas juntos, enséñale y sé modelo de la vida de Cristo. Él es parte de la familia ahora.

CÓMO ENCARGARSE DE LAS PREGUNTAS
Las preguntas sencillas
Una "pregunta sencilla" es una simple solicitud de información. Si un amigo plantea una pregunta sencilla, no significa que se está oponiendo al cristianismo, solo desea averiguar algo sobre el tema. No se necesita ser un genio para saber qué hacer con una pregunta simple, ¡solo respóndela!

A continuación te comparto algunos ejemplos de preguntas sencillas, junto con las respuestas que podrías dar.

Pregunta: ¿"Cristo" es un apellido, digo al igual que "Pérez"?

Respuesta: No, es otra palabra para Mesías, en realidad es un título. "Jesucristo" significa "Jesús, el escogido de Dios".

Pregunta: ¿Escogido para qué?

Respuesta: Escogido para ser el camino que lleva de nuevo al Padre, escogido para ser lo que llamamos "Salvador".

Pregunta: ¿Qué significa "Salvador"?

Respuesta: "Salvador" significa "El que rescata". Nosotros necesitamos ser rescatados de nuestro pecado y de la separación que existe con Dios debido a que no podemos solucionar estos problemas por nosotros mismos solo por querer intentarlo.

Pregunta: Alguien me dijo que Jesús es "Salvador y Señor". La palabra "Señor" significa "Dios"?

Respuesta: ¿Es cierto que Jesús significa Dios pero que el título "Señor" solo significa "Jefe"?

Pregunta: Yo sigo escuchando a los cristianos hablar sobre el "evangelio". ¿Qué es eso?

Respuesta: "Evangelio "significa "buenas noticias". El evangelio es la buena noticia de que aunque los seres humanos se hayan rebelado contra Dios y nos hayamos estropeado a nosotros mismos, Dios vino y nos ofreció un camino de regreso a Él por la fe en Jesucristo.

Pregunta: ¿Entonces de ahí vienen todas esas cosas sobre Jesús, eso de que "murió por nuestros pecados?"

Respuesta: Sí, porque el castigo por el pecado es la muerte y Él tomó el castigo que nos correspondía pagar. Es como si unos amigos hubieran estado desesperados porque no tenían dinero para pagar la deuda pero yo tenía el dinero y pagué la deuda por ellos.

Pregunta: ¿Dios haría eso por mí?

Respuesta: Sí, porque te ama. Él lo haría por cualquiera que esté verdaderamente arrepentido de sus pecados y listo a confiar en Él como salvador y jefe para siempre.

Pregunta: Entonces, ¿por qué te hiciste cristiano?

Respuesta: Soy cristiano porque en un momento de mi vida me percaté de que estaba separado de Dios y solo podía regresar a Él por medio de Jesucristo.

Pregunta: ¿Te sentiste diferente cuando te convertiste en un cristiano?

Respuesta: Bueno, sentí algo pero no todo el mundo lo siente.

En realidad, lo importante no es cómo se siente uno, sino lo que Dios está haciendo.

Pregunta: Entonces, ¿qué pasaría si yo me convierto en un cristiano?

Respuesta: El cambio inmediato es que todos tus pecados serían perdonados y serías aceptado en la familia de Dios para siempre, algo así como ser adoptado. El cambio gradual se da cuando Dios te cambia desde adentro. Esa parte implica un gran trabajo pero el poder real para cambiar proviene de Él

Mantén tus respuestas cortas y simples, y además evita las palabras "de iglesia". Trata de elaborar tus respuestas de una manera que despierte un mayor interés. Si tú no tienes la respuesta a la pregunta de tu amigo, admite que no la tienes y promete que vas a buscar ayuda para encontrar esa respuesta. Seguido de esto, ¡recuerda que debes mantener tu promesa!

Las objeciones

Una objeción expresa los recelos más profundos que una persona tiene acerca de la fe cristiana, tal vez es la inquietud con respecto a las ideas desconcertantes. Estas objeciones a menudo pueden convertirse en una razón para que tu amigo *no* confíe en Jesús como Señor y Salvador. Debido a que las objeciones pueden tomar la forma de preguntas, a veces es difícil diferenciar entre las simples preguntas y las objeciones. ¿Qué diferencia marca el poder distinguirlas? Si tu amigo te hace una simple pregunta, tú solo le das la información, pero si se presenta una objeción, es necesario tratar de resolver el rompecabezas.

Permíteme ilustrarlo. Matt compartió su fe con dos amigas, Jenna y Amber. Ellas son hermanas gemelas y viven juntas. Un día, mientras caminaba a clase con Jenna, ella le dijo: "Amber y yo estuvimos hablando sobre lo que nos dijiste y tenemos una pregunta. ¿Por qué Jesús tuvo que orar?"

Matt no estaba seguro de a dónde quería llegar Jenna, por lo que respondió con una pregunta: "¿Qué es lo que te confunde en esta oración?"

Ella respondió: "Bueno, supongo que solo estoy confundida acerca de la oración en general. ¿Por qué Jesús oró? ¿Por qué alguien oraría?"

Debido a que ella parecía estar haciendo una simple solicitud de información, Matt le dio la información: "Jenna, Jesús necesitaba orar por la misma razón que todas las personas necesitan orar, para estar en contacto con Dios".

Más tarde, ese mismo día, Matt se topó con Amber. "Ah, hola," dijo ella. "¿Jenna te hizo nuestra pregunta?"

"¿Quieres decir, por qué Jesús tuvo que orar?", preguntó Matt.

"Sí," dijo ella: "¿cuál es la respuesta?"

Suponiendo que la misma inquietud estaba en la mente de ambas hermanas, Matt comenzó a responderle a Amber lo mismo que le había dicho a Jenna. Sorprendentemente, ella interrumpió antes de que pudiera terminar.

"No", dijo, "Tú no entiendes. Yo sé para qué es la oración. Lo que me desconcierta es si Jesús oró, entonces tienes que estar equivocado cuando dices que Jesús era Dios. ¡Jesús no podía orar a él mismo!"

Recién entonces Matt se percató de que Amber no estaba pidiendo información, como Jenna lo había hecho, ¡ella estaba planteando su perspectiva y exigiendo la solución!

Así que Matt cambió de rumbo y se la proporcionó. "Dios tres personas Amber, se podría decir que es un *Qué* pero en tres *Quiénes*. Cuando Jesús oró, ese era Dios el Hijo hablando con Dios el Padre", después de esa respuesta Amber parecía estar satisfecha.

¿Lo puedes ver? Las dos hermanas dijeron las mismas *palabras*: "¿Por qué Jesús tuvo que orar?" pero estaban percibiendo diferentes cosas. Jenna planteaba una pregunta sencilla pero Amber presentaba una objeción. Cada amiga tuvo que recibir una respuesta diferente.

A veces es muy claro lo que tu amigo está planteando, *alguna* objeción, pero el problema es averiguar ¡cuál es la objeción! Esto requiere lo que la Biblia llama *discernimiento*. Déjame contarte otra historia.

Megan también había hablado con dos amigos acerca de Cristo. Uno se llamaba Rubén y el otro llamaba Mark. Megan y Rubén compartieron una clase de historia europea y un día después de escuchar una conferencia sobre los millones de muertos en la Primera Guerra Mundial, Rubén le preguntó: "Si Dios es tan bueno y poderoso como tú dices, entonces ¿cómo puede permitir el sufrimiento?"

Megan se dio cuenta inmediatamente de que Rubén estaba planteando una objeción y le respondió: "Rubén, creo que estás tratando de decir que un Dios bueno y poderoso no *permitiría* el sufrimiento. ¿Qué pasaría si la única manera de impedir que nos hagamos daño fuera quitarnos el libre albedrío? Dios no haría eso porque, Él quiere hijos e hijas, no robots".

Rubén se quedó en silencio por un momento y luego dijo: "Eso ayuda. Pensaré al respecto".

Más tarde ese mismo día, Megan se encontró con su otro amigo, Mark, y fueron a comer una hamburguesa. La conversación llegó al tema de la religión y ¿adivina qué? Mark planteó la misma objeción que Rubén había expuesto, o al menos parecía ser la misma. "Megan, se dice que Dios es absolutamente bueno y omnipotente; si eso es cierto, entonces ¿cómo puede permitir el sufrimiento?"

¡Qué casualidad! pensó Megan y se lanzó de nuevo con su pequeño discurso sobre el libre albedrío. Mark la escuchó pero ella terminó, él parecía enojado.

"Mira, Megan," dijo: "mi padre se fue con su secretaria, mi madre tiene cáncer y no hemos sabido nada de mi hermano drogadicto en años. Te pregunté por qué Dios permite el sufrimiento ¿y me das una clase de filosofía? Podrías obtener una "A", que es una calificación excelente, con ese trabajo del semestre, pero en la vida real eso simplemente no convence a nadie".

Pasmada por las palabras de Mark, Megan se quedó en silencio por un largo tiempo. Entonces, ella lo miró cara a cara y le dijo: "Lo siento, Mark. No sabía nada de esas cosas". Megan hizo otra pausa y continuó: "Tal vez lo que realmente me estás preguntando es cómo puedes confiar en un Dios que permite que sucedan estas cosas". Mark solo la miró fijamente, él no se lo iba a hacer fácil a Megan. Ella continuó de todos modos y le dijo: "Mira, yo no tengo todas las respuestas. No sé todo acerca de por qué Dios permite el sufrimiento pero sé lo que siente al respecto. Dios dejó el cielo, vino a estar entre nosotros y llevó la peor parte del sufrimiento sobre sí mismo. Él *murió* por ti, Mark".

Mark se quedó mirándola fijamente por treinta segundos. Ella no podía leer su cara en lo absoluto. "Bueno, tal vez", gruñó Mark: "Lo pensaré".

¿Lo ves? En realidad, Rubén y Mark estaban expresando la misma objeción al cristianismo pero sus preocupaciones subyacentes eran completamente diferentes. La postura de Rubén era intelectual y necesitaba una respuesta intelectual. La objeción de Mark era personal y necesitaba una respuesta personal. Así que asegúrate de entender lo que tu amigo te está preguntando antes de contestarle. Evalúalo bien antes de lanzarte.[12]

Cortinas de humo

El hábito más difícil de romper, cuando se habla con los amigos no cristianos, es pensar que tenemos que tomar todas las preguntas y objeciones en serio. ¿Lo hacemos? En cierto sentido, sí: nunca se debe tratar a un amigo con falta de respeto. Pero por otro, no: Algunas preguntas y objeciones no tienen una *intensión* seria. No son verdaderas preguntas u objeciones y no son formas de llegar a la verdad, sino la manera de esconderse, son cortinas de humo.

Cuando alguien te plantea una pregunta real, tú la respondes. Si alguien te plantea una verdadera objeción, intentas resolver el acertijo. Pero si alguien presenta algo que no se entiende, se debe disipar, en la medida de lo posible. Te voy a explicar lo que quiero decir.

Una manera de hacerlo es volver a plantear la pregunta.

—La moral es algo relativo de todos modos—, dijo Josh. —¿Cómo podemos siquiera saber que el asesinato está mal?— La pregunta era una cortina de humo y Frank sabía que era así. Las personas saben que la vida humana es valiosísima y que el asesinato está mal; algunos solo "hacen como que" lo saben.

Así que Frank le preguntó a Josh: —¿*Realmente dudas* de que el asesinato esté mal?—

La primera respuesta de Josh fue evasiva: —Mucha gente podría decir que es correcto.—

—Pero no le estoy preguntando a otras personas—, le dijo Frank presionándolo.

—¿En este momento tienes dudas reales sobre si el asesinato es algo verdaderamente malo?—

Entonces hubo un largo silencio. —No—, admitió Josh, —No tengo dudas—.

—¡Qué bueno!—, respondió Frank, —Entonces no tenemos que perder el tiempo hablando sobre si la moral es algo relativo. Hablemos sobre algún tema donde *tengas realmente* una duda—.

En unos momentos, Josh se dio cuenta de que su cortina de humo, su "manera de engañar o distraer", había quedado descubierta, entonces estuvo de acuerdo.

Otra manera de dispersar una cortina de humo es lo que yo llamo "la vuelta".

—Has hecho muchas preguntas—, le dije a un joven amigo, —¿Has notado un patrón en nuestra conversación?—

—¿A qué te refieres?—, preguntó.

—Quiero decir—, le respondí —que interrumpes cada una de mis respuestas con otra pregunta planteada desde un enfoque diferente—.

Él se detuvo a pensar por un momento y dijo: —Supongo que sí, ¿por qué hago eso?—

—¿Por qué crees que lo haces?—, le argumenté y luego continué: —Creo que lo haces porque no quieres escuchar las respuestas.—

—Bueno—, le dije, —entonces, hablemos acerca del porqué no quieres escuchar las respuestas—. Después de eso, finalmente dejó de jugar y nuestra conversación comenzó a llegar a alguna parte.

Un tercer enfoque consiste en mantener un espejo. Jeff tenía docenas de objeciones a los puntos de vista cristianos de Rachel. Cada vez que Rachel rechazaba una objeción, Jeff simplemente lanzaba otra. En breve, Rachel se dio cuenta de que Jeff simplemente estaba levantando una cortina de humo y que era posible que él pensara que le importaban las respuestas de Rachel pero en realidad no era así.

—Dime algo—, le preguntó Rachel a Jeff. —Supongamos que tomamos un par de semanas y yo respondo cada una de tus objeciones para que tú satisfagas tu intelectualidad—.

—Está bien—, dijo Jeff. —Supongámoslo—.

—Bueno—, dijo Rachel, —Entonces ¿te convertirías en un cristiano?—

La cara de Jeff mostró la conmoción cuando se dio cuenta de que su respuesta era "no". Todas esas hermosas objeciones ¡no eran sus verdaderas razones para rechazar por completo a Jesucristo! Él *no quería* a Jesús. A pesar de que todavía estaba lejos de recibir a Cristo como Señor y Salvador, tuvo un giro y finalmente comenzó a ser honesto consigo mismo.

No se pueden dispersar todas las cortinas de humo. Si tu amigo no se detiene con sus argumentos repetitivos, déjalo solo y dale tiempo. Tal vez pueda entrar en razón algún día o tal vez no lo haga, déjalo en manos de Dios. No estoy diciendo que no puedas ser su amigo, solo digo que hay que ser realistas. Por ahora, deja de hablar con él acerca de Jesús. Esto no es solo mi consejo: es la orden de Dios, Jesús dijo: "No deis lo santo a los perros, ni echéis vuestras perlas delante de los cerdos, no sea que las pisoteen, y se vuelvan y os despedacen." (Mateo 7:6) Esas son unas palabras impactantes pero las cortinas de humo son un problema impactante.

CÓMO ENCARGARSE DE LOS CONFLICTOS DE ESTILO DE VIDA

Hasta ahora, en este capítulo nos hemos centrado en cómo piensan los amigos no cristianos cuando hablamos con ellos. Sin embargo, también puede ser difícil conversar debido a la forma en que viven, ¿verdad? Las diferencias de estilo de vida causan problemas en, por lo menos, cuatro formas diferentes.

1. *La escasez de actividades que se pueden compartir.* Todos los amigos tienen algo en común. Las amistades más profundas se basan en la fe que comparten en el Señor resucitado. Debido a que aún no compartes la fe con tus amigos no cristianos, tus relaciones amistosas, probablemente, se basarán en las actividades que ambos disfrutan. Puedes salir a correr con Jason, ver películas viejas con Kristin y jugar en la computadora con Luis. El problema es que al igual que las actividades que comparten pueden unirlos, las actividades que no pueden compartir también pueden separarlos.

A Liz le gusta emborracharse, Tony pasa mucho tiempo con las drogas y Reynaldo procura buscar mujeres para tener relaciones sexuales. No se puede compartir estas actividades porque entristecen al Espíritu Santo. ¿Entonces qué es lo que debes hacer?

Puedes invitar a tus amistades a *tus* actividades. ¿Reunirte para hacer una fiesta por el Súper Bowl? ¿Ir a la iglesia? ¿Tienes entradas para un concierto o evento deportivo? Pídele a Liz, Tony o Reynaldo que te acompañen. No obstante, también hay que aceptar el hecho de que las relaciones con tus amistades no cristianas pueden permanecer limitadas. No todo el mundo estará interesado en tus invitaciones, en el caso de algunas personas, puede que nunca compartas algo más que la actividad que los reunió por primera vez, incluso si es solo hablar durante los descansos en el lugar de tu trabajo de medio tiempo. Haz lo que puedas con lo que tienes.

2. *Las exigencias que no se pueden cumplir.* De vez en cuando tus amigos no cristianos te pueden exigir cosas que ningún cristiano puede dar. Las demandas más comunes son las que te piden que hagas algo que no se puede hacer, que apruebes algo que no se puede aprobar o que permitas algo que no se puede permitir. Por ejemplo, Keesha puede enfadarse porque no vas a dormir con ella, Katie te puede llamar intolerante porque no vas a decir que "ser gay es bueno" y Brandon puede darte problemas ya que no lo dejas llevar droga a tu fiesta.

Las normas básicas para hacer frente a este problema son: No discutas, no te disculpes, no cedas y no permitas que te atrapen.

No discutas, significa que no te dejes arrastrar a una pelea a gritos o a un debate. No te disculpes, significa que no te sientas culpable o no pongas excusas para rechazar lo que sabes que está mal. No cedas, significa mantente firme, sin fluctuar o cambiar de opinión. No permitas que te atrapen, significa que evites situaciones en las que puedas estar tentado a ceder.

Esto último puede requerir una explicación. ¿Qué tipo de situaciones te podrían tentar a ceder? Veamos, por ejemplo a Keesha: Si sabes que ella te excita, entonces, en primer lugar no debes estar besándola. No te digas: "Voy a parar antes de llegar demasiado lejos", simplemente no empieces. De hecho, tú no debes estar solo con ella en lo absoluto. ¿Quién crees que eres, el Hombre de Acero? Otra manera de quedar atrapado es pensar que se puede "jugar de consejero" cuando ella te cuenta la historia de su vida, lloriquea con lágrimas en los ojos y además te dice cómo nadie nunca la ha querido. En primer lugar, no tienes el entrenamiento de un consejero. En segundo lugar ella pertenece al sexo opuesto. Lo que tú llamas "compasión" podrían ser solo sus hormonas disfrazadas.

3. *Los otros amigos de tu amigo.* Los problemas a veces no se presentan por conflictos de estilo de vida con tu amigo sino a partir de los conflictos del estilo de vida que se dan con las personas del círculo social de tu amigo. Por ejemplo, puede que Brandon no se drogue pero sus compañeros de dormitorio se la pasan volando todo el tiempo. Ese problema es fácil, ya que no te ves obligado a ir al dormitorio de Brandon de todos modos, entonces anda y mira una película adecuada con él, juega baloncesto un rato o encuentra algún otro lugar para pasar tiempo juntos.

La situación se vuelve más difícil cuando los "amigos de tu amigo" quieren acompañarlos. Aún es más difícil cuando tratan de causar divisiones entre los dos y lo más difícil de todo es cuando quieren acompañarlos todo el tiempo y causar divisiones. Esto hace que la amistad entre ustedes sea imposible y tienes que decirlo. Si tu amigo está dispuesto a hablar sobre el problema, bien; si no, busca otro amigo.

4. *El peligro físico y espiritual.* Algunas personas son simplemente peligrosas. La obligación que tienes de dar testimonio de Cristo no significa que tengas que andar con aquellos que te puedan perjudicar física o espiritualmente. No pienses que los tipos peligrosos no existen en el predio de la universidad, no te creas que los puedes hacer menos peligrosos. Y tampoco pienses que eres, de alguna manera,

inmune a los perjuicios, simplemente mantente lejos de ellos. Entre los tipos de personas que se deben evitar están aquellas que son propensas a la violencia, como por ejemplo, las personas que participan en actividades criminales, la gente que está en el ocultismo satánico y las personas que te podrían involucrar en problemas. Si estás con personas como esas, déjalas de inmediato. No tienes que explicar nada, solo escapa. No es que Cristo no quiere alcanzarlas, sino que tú no estás equipado para ese trabajo. Déjalos en manos de consejeros y ministros especialmente entrenados.

QUIÉN INFLUYE A QUIÉN

Mi último consejo es ¡Recuerda a quién le perteneces! Ten en cuenta que yo no he dicho quién eres, yo dije de quién eres. Tú le perteneces a Jesucristo. Dios quiere usarte para alcanzar a tus amigos no cristianos, pero Satanás quiere usar a tus amigos no cristianos para alcanzarte a ti. No dejes que se dé vuelta la tortilla, o sea que la situación se revierta desfavorablemente para ti.

Satanás tratará de darle un giro a las cosas, haciéndote sentir vergüenza por tu fe, y que pienses que la fe es infantil, tonta o intolerante. Otra forma de alejarte de tus compañeros en la fe, es hacerte sentir que los que adoran al Señor "no son tu mismo tipo de gente", sino los que se comprometen con el mismo club o tienen el mismo color de la piel. También existe otra manera, debilitar tu disciplina y hacer que te hundas, sobre todo si es un pecado adictivo y que tiene relación con la borrachera, las drogas o el sexo. Esa estrategia es una de las favoritas del enemigo porque, no muchos de nosotros los seres humanos, dudamos de Dios y luego empezamos a pecar, cuando, en realidad, la mayoría de nosotros empieza a pecar y luego duda de Dios.

Satanás puede utilizar a tus amigos no cristianos de todas estas formas para alcanzarte. Dios quiere que los contagies a ellos pero el enemigo quiere que ellos te contagien a ti. Así que recuerda: "Puedes tener amigos fuera de la fe pero debes buscar a tus hermanos y hermanas en Cristo para que sean tus verdaderos compañeros y amigos". Pasa tiempo con los santos, convive con gente santa, quédate con los que son salvos. Tienes que saber cuál es tu verdadera familia, aquella en la cual el Padre es Dios.

# MITOS SOBRE LA UNIVERSIDAD

5

MITOS SOBRE LA BÚSQUEDA DEL CONOCIMIENTO

ESTÁ QUE ARDE

La verdad es una cosa ardiente que da miedo y la verdad acerca de Dios es la más candente de todas. Esta verdad sobre Dios asusta tanto a algunas personas que ni siquiera quieren buscarla.

Un día en un curso de "grandes libros", mis estudiantes estaban discutiendo sobre el gran pensador medieval Tomás de Aquino. Santo Tomás era cristiano y algunos de los estudiantes estaban interesados en lo que él creía acerca de Dios. Mientras exploraban sus puntos de vista, un joven se agitaba cada vez más y más. Finalmente dijo: "Esto no me está ayudando" y preguntó si él podría recoger la asignación y salir. Por supuesto le dije que él podía.

El estudiante más tarde visitó mi oficina y descubrí cuál era su problema. Me dijo que él no estaba interesado en la verdad ya que lo único que le importaba era lo que tenía un valor práctico e inmediato para él. La búsqueda de la verdad sobre Dios, al parecer, era algo poco práctico para él porque si la encontraba, todo su mundo podría derrumbarse.

¿Pero podría ser que se levantara?

EN RESUMEN

En el predio de la universidad te encontrarás con decenas de mitos acerca de la búsqueda de la verdad pero la mayoría de ellos son variaciones de las que voy a hablar. Por conveniencia los he dividido en *mitos generales* (los que se pueden oír de casi cualquier persona), *mitos escépticos* (los que escucharás de personas que han perdido la esperanza de encontrar la verdad) y *mitos relativistas* (los que escucharás de gente que cree que todos tenemos la verdad pero que la tuya podría ser diferente de la mía).

Las clasificaciones estereotipadas *escéptico* y *relativista* cambian como la moda, en otros casos se establecen y toman su lugar. Por ejemplo, alguien te puede decir que no es un escéptico, sino un "postmodernista" o que no es un relativista, sino un "multiculturalista". No te preocupes por eso, escucha lo que dice la gente, no como se llaman a sí mismos. Pídeles que dejen de lado la jerga y que expresen con palabras sencillas lo que piensan.

MITOS GENERALES

Mito número uno: Pensar que conoces la verdad es arrogante e intolerante.

Tu profesor de historia acaba de terminar la clase sobre religiones del mundo. Mientras estás empacando tus libros para salir, un compañero de clase comenta: "Me imagino que cualquier camino hacia Dios es tan bueno como todos los demás, ¿no te parece?"

Le contestas: "No, yo creo que la Biblia está en lo correcto cuando dice que hay solo un camino".

Entonces, tu compañero que ya está molesto te dice: "¿Quién te hizo a *ti* Dios?"

Durante todo el día, a medida que haces tus cosas, te preocupa pensar si él tenía razón. ¿*Es* arrogante e intolerante pensar que se sabe la verdad sobre algo?

¿Por qué alguien pensaría eso? Resulta que me enteré que la ensalada de patatas se echó a perder y que los últimos tres comensales se enfermaron solo por comerla. ¿Me llamarías arrogante por advertirles a los demás? Yo sé que la biblioteca pública está en esa dirección, pero el automovilista que me preguntó cómo llegar se dirige hacia otro lado. ¿Me llamarías intolerante por sugerirle que dé la vuelta? Por supuesto que no. Entonces, ¿por qué es diferente lo que has dicho? En realidad, a mí, me sonó bastante modesto.

Las personas que llaman a los cristianos intolerantes tienen una respuesta para esto. "Estamos hablando de cuestiones de opinión", dicen. "El deterioro de los alimentos y las direcciones en la carretera son cuestiones de *hecho*". Por supuesto que son cuestiones de hecho. La ensalada de patatas está en muy mal estado y la biblioteca pública está realmente en esa dirección, no obstante, ¡eso no quiere decir que no son cuestiones de opinión también! Después de todo, las personas pueden tener diferentes opiniones sobre lo que son los hechos.

Las diferencias de opinión surgen incluso en las ciencias. El paleontólogo Stephen Jay Gould es de la opinión de que la evolución darwiniana es un hecho; el bioquímico Michael J. Behe es de la opinión de que no lo es. Cada científico dice que tiene la razón; cada científico dice que el otro está equivocado. ¿Eso los hace arrogantes o intolerantes? Claro que no, siempre que presenten las evidencias de lo que piensan, escuchen las pruebas ofrecidas por sus oponentes y no intenten callarlos. Así es como se supone que funciona la ciencia.

Entonces, ¿qué es lo que le da energía al mito que dice que "tener la verdad es ser intolerante"? su poder proviene de una imagen, no una fotografía o una pintura, sino de una imagen que muchas personas llevan en su mente. En esta imagen, un hombre está siendo quemado en la hoguera y está allí porque otras personas, que dicen tener la verdad, están enojados con él por decir que no la tienen.

Sí, esa es una imagen terrible y estoy de acuerdo en que lo que se muestra nunca debe suceder. Pero en mi mente hay una imagen diferente. El hombre está allí porque otras personas, que dicen que *no hay* ninguna verdad, están enojados con él por decir que *sí la hay*.

¿Me comprendes? Los escépticos pueden ser tan intolerantes como los creyentes y, si no me crees ahora, ¡me creerás después de haber pasado un tiempo en la universidad! De hecho, ¿no es cierto que el compañero imaginario que te llamó intolerante, sea él mismo un poco intolerante? ¿Te ofrece algún tipo de evidencia de lo que él piensa? ¿Ha escuchado él tu evidencia, o simplemente trata de hacerte callar?

El apóstol Pedro dice: "...estad siempre preparados para presentar defensa con mansedumbre y reverencia ante todo el que os demande razón de la esperanza que hay en vosotros; teniendo buena conciencia, para que en lo que murmuran de vosotros como de malhechores, sean avergonzados los que calumnian vuestra buena conducta en Cristo". (1 Pedro 3:15-16)

La arrogancia no viene por tener convicciones sobre la verdad sino que viene por tener las convicciones equivocadas acerca de cómo tratar a las personas que no comparten contigo lo que piensas. La humildad no viene de la falta de convicción; se trata de tener las convicciones *correctas* acerca de la importancia de la dulzura y el respeto.

Mito número dos: Lo importante de la vida no es tener la verdad sino buscarla.

Este mito, en particular, es más probable que lo escuches de los profesores cansados de los otros estudiantes y también puedes verlos en los libros. Por ejemplo, uno de los más famosos filósofos que viven sugirió que la buena vida es una vida dedicada a la búsqueda de la buena vida. Me refiero a él, sin faltarle el respeto, ya que yo mismo he aprendido de algunos de sus trabajos pero, ¿puedes notar algo raro aquí? Él está hablando en círculos. Por un lado, dice que ya sabe lo que es la buena vida, que se trata de la vida dedicada a la búsqueda de la buena vida. Sin embargo, si él ya sabe lo que es la buena vida, entonces no tiene que buscarla. Por otro lado, si él todavía busca la buena vida, entonces todavía no sabe lo que es. Y si todavía no sabe lo que es, ¡él no tiene por qué decirnos que él sí la conoce!

¿Le prestarías atención y escucharías por un momento a alguien que trate de decirte que es mejor que te pique a rascarse, que es mejor tener hambre que comer o buscar amigos que tenerlos? ¿No? Entonces, ¿por qué alguien puede creer que es mejor buscar la verdad que encontrarla? ¿Por qué debería este deseo y búsqueda ser diferente a cualquier otro?

¿Sabes lo que pienso? Creo que Dios nos ha dado dos tipos de deseos por la verdad: uno es el deseo de la verdad con *"v"* pequeña y otro es el deseo de la verdad con una *"V"* mayúscula. La verdad con *"v"* pequeña, es el conocimiento abstracto. El deseo de este tipo de verdad se satisface por saber cosas como: Lo que hace a un gran poema hermoso, lo que realmente son las estrellas, cómo se hacen las plantas y los animales y cuántos dioses existen. Esta verdad es un buen conocimiento, algo de este conocimiento es incluso conocimiento crucial pero del tipo que se puede escribir en una pizarra.

Ahora la Verdad con *"V"* mayúscula es algo completamente distinto. Es Dios mismo en persona. El deseo de *esta* verdad solo puede ser satisfecho por el conocimiento *personal*, el conocimiento *vivo*, el mayor conocimiento, pero del tipo que se puede tener solo a través de una relación con Él.

Algunos profesores y estudiosos se marchitan porque confunden los dos deseos. Ellos tratan de satisfacer su anhelo de Verdad con *"V"* mayúscula simplemente apilando más y más verdad con *"v"* minúscula. El problema es que, aunque la verdad tiene su propia satisfacción, no puede darle la satisfacción de la Verdad. La confusión entre los dos deseos es como tratar de ¡aliviar la picazón comiendo una hamburguesa! El punto es que si sigues preguntándole a la verdad lo que solo te puede dar la Verdad, con el tiempo ni siquiera te dará lo que te brindó antes. La única dulzura que te queda es la dulzura de la memoria del propio anhelo. Así que te dices a ti mismo: "Ahora entiendo, lo importante en la vida no es tener la verdad, sino el anhelarla y buscarla."

Entonces le dices eso a tus estudiantes, luego se lo dices a tus amigos y luego lo escribes en tus libros. Pero todo está mal. Ten compasión por tus profesores desgastados, pero no repitas su error.

Mito número tres: La fe obstaculiza la búsqueda de la verdad porque se interpone en el camino de la razón.

Este mito ha existido durante siglos y está profundamente arraigado en la forma de pensar de las personas de la universidad. Algunos estudiantes comenzarán a quejarse tan pronto como sepan que eres cristiano. Van a tratar de darte lecciones de historia. "Yo pensé que ya habíamos escapado de la Edad Media" te van a recriminar. "¿No había una pequeña cosa llamada la Ilustración? (Movimiento filosófico y cultural del siglo XXVIII)"

Ahora , esto es lo más importante que debemos comprender. El decir que la fe se interpone en el camino de la razón levanta argumentos en la mente, ya que la razón misma depende de la fe. ¿Escuchaste eso? La razón en sí depende de la fe. ¿Puedes ver por qué? Imagina que alguien te dice: "Todo razonamiento es una tontería". Por supuesto que está equivocado, pero ¿puedes probarlo? ¿Adivínalo? No se puede. La única manera de demostrar que el razonamiento no es una tontería sería recordar, pensar y reflexionar al respecto. Sin embargo, en ese caso, el argumento sería circular, cíclico, y ¡una de las reglas del buen razonamiento es que los argumentos circulares no prueban nada! Así que, ¿*cómo* sabemos que el razonamiento no es una tontería? Nosotros confiamos en él y la confianza es otra palabra para la fe.

El razonamiento depende de la confianza, en la fe, en otras formas también. ¿Cómo sabes que la luna está hecha de roca en lugar de queso? Podrías decir que hay gente que ha estado allí y lo ha descubierto. Pero, ¿tú fuiste con ellos para asegurarte? Por supuesto que no; solo confiaste en que ellos estaban diciendo la verdad. *Fe*.

Si estás inclinado para el lado científico, tal vez añadirías que la luna no refleja la luz de la misma forma en que el queso lo hace. Sin embargo, ¿has comparado tú mismo las reflexiones de la luz desde una roca y desde un queso? Por supuesto que no, acabas de confiar en que alguien lo hizo. *Fe*.

¿Qué pasa si yo especulara que en la luna, el queso refleja la luz como una roca lo hace en tierra y la roca refleja la luz como el queso lo hace en la tierra? Tal vez me contestes que las leyes de la física no cambian de un lugar a otro. Pero, ¿has comprobado personalmente en todos los lugares en el universo para estar seguro? Por supuesto que no; tan solo confías en que la naturaleza no juega trucos. *Fe*.

No estoy diciendo que todas las clases de fe son verdaderas, solo digo que no se puede prescindir de ella. El hecho es que a menos que tengas *un poco* de fe, no se puede razonar ni siquiera una pulgada. A menos que tenga *un poco* de confianza, ni siquiera puedes decidir sobre qué dudar. Tienes que creer en algo con el fin de saber algo. *Incluso los ateos tienen fe*. La llevan en la confianza que tienen en que la materia es todo lo que existe. Creo que es un error pero es fe.

Así que, el tener fe no es un problema. *Vas* a tener fe en algo, si no es en Dios, entonces será en otra cosa. La única verdadera pregunta es qué tipo de fe tener. El tipo equivocado de fe obstaculizará la búsqueda de la verdad, pero el tipo correcto te ayudará.[13]

MITOS ESCÉPTICOS
Mito número cuatro: No existe tal cosa como la verdad.

No estoy seguro del por qué tantos estudiantes repiten este mito, ya que no se necesita mucho para desacreditarlo. He aquí cómo derrumbarlo. Cuando un compañero dice: "No existe la verdad", solo pregúntale: "Oh, ¿eso es verdad?"

¿Ves cómo funciona? Si él responde: "Claro que es verdad, así lo dije, ¿cierto?" En ese momento le puedes decir: "Así que *admites* que hay algo que es verdad. Entonces, ¿por qué continúas negando que exista la verdad? " Pero si por el contrario, responde: "Por supuesto que no es verdad, porque no existe nada que sea verdad", entonces le dices: "Bueno, si *no* es verdad que *no* existe la verdad, entonces *es* verdad que *existe* la verdad. Así que ¿por qué no acabas de confesarlo y ya?" De cualquier manera, le ganaste.

Es como uno de esos personajes de dibujos animados que continúa corriendo en el aire durante unos momentos después de pasar por el precipicio porque no se ha dado cuenta todavía de que no hay nada debajo que lo sostenga.

La mayoría de las veces cuando los estudiantes dicen: "No existe verdad alguna", en realidad ellos no lo creen de todos modos. Lo que, por lo general, están tratando de decir es que la vida no tiene sentido ni propósito y la mayor parte de los estudiantes se siente de esa manera a veces, especialmente cuando las cosas van mal. La universidad puede ser un lugar agradable y alentador pero también puede ser un sitio solitario y desalentador.

No se deben pasar por alto los sentimientos pero estos pueden ser engañosos. Si te sientes como si la vida no tiene sentido, pregúntate: "¿Qué podría darle significado?"

¿Dios podría hacerlo?

¿Me dices que Él podría?

Entonces, ¿cómo sabes que Él no podría?

Mito número cinco: Quizás exista la verdad pero no podemos encontrarla.

¿No es que acabamos de tratar este asunto? Bien, aquí vamos de nuevo. Decir que no podemos encontrar alguna verdad es tan tonto como decir que no hay ninguna verdad que encontrar. Si alguien dice: "No podemos encontrar ninguna verdad", pregúntale: "Y ¿eso es verdad?" Tal vez conteste: "¡Cantado, hermano! ¡Así son las cosas!" En ese caso, le puedes responder diciendo: "Si piensas que *tú has* encontrado una verdad, entonces, ¿cómo sabes que *yo* no puedo encontrar alguna?" Pero quizás en lugar de eso te responda: "¿Cómo *voy* a saber si lo que he dicho es cierto? ¿No estabas escuchando?" En ese caso, le puedes contestar: "Si tú *no* sabes con certeza si la verdad se puede encontrar, entonces quizás sí se puede encontrar, entonces ¿por qué debería escucharte a *ti*?" De cualquier manera tú lo atrapas y si el último tipo era el Coyote, entonces éste es Elmer Gruñón.

En realidad las personas que dicen que no existe la verdad, al igual que los que dicen que podría existir pero que no puede hallarse, no es lo que realmente piensan. Entonces, lo que están tratando de decir es que no se la puede encontrar con *certeza*, ya que no importa lo que uno piense, siempre habrá otro que puede ponerlo en *duda*. Eso es cierto, pero ¿y qué?

No todas las dudas son razonables y algunas son francamente tontas. Por ejemplo: "Creo que estoy leyendo un libro pero tal vez solo estoy alucinando, así que no me molestaré en terminar el capítulo". ¿Es eso razonable? Otro ejemplo: "Creo que tengo una hija pero tal vez ella y yo solo somos personajes de la novela de alguien, entonces supongo que no hay razón para ir a recogerla a la escuela." ¿Tiene esto algún sentido?

Nuestra vida no debe basarse en lo que no puede ponerse en duda sino en las mejores razones que tenemos para creer. Todos los demás caminos conducen a la locura.

Mito número seis: Tal vez podamos encontrar algo de la verdad, sin embargo, no es la que corresponde a las cosas más grandes e importantes.

Cuando están bajo presión, muy pocas personas dicen que no pueden encontrar *alguna* verdad. Por ejemplo, no muchos dirían que es imposible averiguar cuánto es el costo de los periódicos o si un pescado es fresco. Las personas que dicen que no podemos descubrir la verdad, por lo general, están pensando en verdades más importantes, como las verdades que definen lo que es correcto e incorrecto, o cómo es Dios. Ellos piensan que pueden encontrar las pequeñas verdades pero que no se pueden encontrar las grandes verdades. Esto plantea una cuestión interesante. Los elefantes grandes no son más difíciles de encontrar que los ratones, las grandes mentiras no son más difíciles de encontrar que las mentirillas. Así que ¿por qué debería ser más difícil encontrar las grandes verdades de las pequeñas?

No creo que sean más difíciles de encontrar, de hecho creo que algunas de las verdades *más grandes* son las *más fáciles* de hallar, esto se debe a que Dios ha provisto la ayuda. Vamos a empezar con la primera de las dos grandes cosas que acabo de mencionar: Qué es lo correcto y qué es lo incorrecto. ¿Recuerdas el relato del capítulo 4?

—La moral es algo relativo de todos modos—, dijo Josh. —¿Cómo podemos siquiera saber que el asesinato está mal?— La pregunta era una cortina de humo y Frank sabía que era así. Las personas saben que la vida humana es valiosísima y que el asesinato está mal; algunos solo "hacen como que" lo saben.

Así que Frank le preguntó a Josh: —¿*Realmente dudas* de que el asesinato esté mal?—

La primera respuesta de Josh fue evasiva: —Mucha gente podría decir que es correcto.—

—Pero no le estoy preguntando a otras personas—, le dijo Frank presionándolo.

—¿En este momento tienes dudas reales sobre si el asesinato es algo verdaderamente malo?—

Entonces hubo un largo silencio. —No—, admitió Josh, —No tengo dudas—.

—¡Qué bueno!—, respondió Frank, —Entonces no tenemos que perder el tiempo hablando sobre si la moral es algo relativo. Hablemos sobre algún tema donde *tengas realmente* una duda—.

En unos momentos, Josh se dio cuenta de que su cortina de humo, su "manera de engañar o distraer", había quedado descubierta, entonces estuvo de acuerdo.

A pesar de que no lo dije la primera vez que leí la historia, ésta fue una conversación real.

"Josh" era un estudiante y "Frank" era un compañero de profesión. Puedes ver que "Frank" sabía lo que Pablo enseña en Romanos 2:14-15: Dios ha escrito los fundamentos de la ley moral en el corazón del ser humano, por lo que incluso si nos decimos a nosotros mismos que no los conocemos, en realidad sí los conocemos. No muchos versículos antes, en Romanos 1:18-20, Pablo expresa que es lo mismo con lo segundo que he mencionado, los fundamentos sobre cómo es Dios. En el fondo, cuando la gente mira las cosas que Dios ha hecho, reconocen su firma. Cuando las personas ven el mundo de la naturaleza, no pueden dejar de darse cuenta que fue hecha por un Dios poderoso, eterno e invisible. Eso no es todo lo que necesitan saber para la salvación pero es un buen indicio poderoso. El problema es que mantienen sus propios conocimientos.

Recuerdo lo frustrado que estaba como ateo porque yo estaba agradecido por la vida a pesar de que estaba decidido a creer que no había nadie a quien agradecerle por ella. Me aferré a mi ateísmo no a causa de las pruebas, sino a pesar de ellas.

"Espera un segundo", dice el escéptico. "¿De dónde sacas llamar a tu intuición *evidencia*? Admito que puedes ofrecer pruebas acerca de los problemas cotidianos, como si la ensalada de patata está contaminada y sobre cuestiones científicas como si la evolución darwiniana es un hecho, temas de los que hemos hablado antes. Pero no se puede ofrecer evidencia sobre cuestiones morales o religiosas. La razón es simple: No hay ninguna."

No hay, ¿eh? Vamos a probar la afirmación. ¿Qué hay de la cuestión moral de si el aborto realmente toma una vida humana única? Los bebés no nacidos crecen y se desarrollan, su ADN es diferente al de su padre y su madre, es el ADN humano, no es el ADN de un perro ni de un mono. Yo diría que esa evidencia de una vida humana es única, ¿no es cierto? Y ¿qué de la cuestión religiosa de que Jesús era realmente Dios? Un hombre que dice ser Dios es un lunático, un sinvergüenza o Dios, pero Jesús no hablaba ni actuaba como un loco o una persona despreciable. Yo diría que es evidencia de la tercera alternativa. ¿Cuál es la que queda?

Hay un montón de pruebas acerca de las cosas grandes. Los escépticos simplemente no las quieren ver.

MITOS RELATIVISTAS

Mito número siete: La verdad es todo aquello en lo cual tú crees de manera sincera.

¿Puedes hacer que algo sea verdadero solo con pensarlo? Vaya, ¡qué poder más asombroso! Si tú sinceramente crees que eres una gran Coca Cola Light, ¿eres realmente una Coca Cola? Si tú sinceramente crees que los aros de cebolla son patatas fritas, ¿son en realidad patatas fritas? En ese caso, debes ser un poderoso mago. Me gustaría conocerte, ¡si nadie te ha bebido antes!

Ahora aquí hay algo raro. Nadie fuera de los hospitales mentales cae en el truco de "la verdad es lo que creas sinceramente" cuando el objeto de discusión es la Coca Cola Light o las patatas fritas; sin embargo, muchos estudiantes caen en esa trampa cuando la atención se vuelve hacia las cosas grandes e importantes, de las que hablamos hace unos minutos atrás. Déjame decirte, si tu magia no funciona con las patatas o la Coca Cola Light, ¡puedes estar seguro de que no va a funcionar con respecto a lo que está bien o mal, o con respecto a Dios!

El hecho de que no somos magos no es el único problema con el mito de la sinceridad. Otro asunto es que conduce a inconsistencias. Tú dices sinceramente que la ventana está abierta y yo sinceramente digo que no lo está. Si tienes razón, estoy yo equivocado y si yo estoy en lo correcto tú estás equivocado; la sinceridad no puede cambiar eso, pero el mito de la sinceridad dice que sí se puede. Este dice que dado que los dos somos sinceros, ambos tenemos la verdad. Como tienes razón, la ventana está abierta pero yo también tengo la razón, así que la ventana no está abierta. Algunos de los que profesan el mito de la sinceridad tratan de salir de atascos de este tipo mediante el uso de las palabras "para mí" y "para ti". Por supuesto, al decir que la ventana está abierta para ti pero cerrada para mí no ayuda mucho. Si está abierta, está abierta para los dos y si está cerrada, está cerrada para los dos. No obstante, estos seguidores no desperdician el *para mí* y el *para ti* en cosas pequeñas como las ventanas. Al igual que antes, ellos guardan su mito para las cosas grandes como el bien, el mal y Dios.

Veamos este es el tipo de cosas a las que me refiero: Dos "sinceristas" están almorzando y el primero de ellos dice: "Creo sinceramente que Dios es mi yo interior" y el segundo responde: "Creo sinceramente que Dios es el atún". Entonces el primero le contesta: "Entonces "Dios es el atún" es la verdad para ti pero, "Dios es mi yo interior" es verdad para mí." Ambos concuerdan con alegría. Más tarde, los mismos dos sinceristas están cenando y el primero de ellos dice: "Creo sinceramente que el infanticidio es correcto" y el segundo responde: "Creo sinceramente que el infanticidio está mal." El primero contesta: "Entonces "el infanticidio está mal" es la verdad para ti pero "el infanticidio es correcto" es la verdad para mí." Ambos sonríen y siguen comiendo sus ensaladas.

Estoy siendo absurdo pero no tan absurdo como tú crees. Es cierto que nadie en el predio de la universidad piensa que Dios es un atún pero quizás algún estudiante piense que Dios es su ser interior y considera su sinceridad suficiente para que sea realidad. En cuanto al infanticidio creo que te sorprenderías al saber cuántas personas en el predio de la universidad piensan que un bebé nonato no es humano, a menos que la madre crea sinceramente que sí lo es. Si la sinceridad de la creencia de la madre puede marcar la diferencia para los bebés que no han nacido, ¿por qué no lo puede hacer también para los que nacen? De hecho, algunas personas a favor del aborto ya piensan de esta manera. El bioquímico James Watson *cree sinceramente* que los bebés no deben ser considerados con vida durante los primeros tres días después de haber nacido.[14] Inclusive, algunas personas han sugerido sinceramente que tres días son muy pocos y quieren que se considere que los recién nacidos tienen vida recién después de los treinta días.[15]

El problema es que la sinceridad no hace que las cosas sean verdad y no es cierto que la sinceridad pueda hacer que algo sea verdad *solo para ti*. De hecho, no existe algo así como "la verdad *solo para ti*", la verdad es para todos; solo tenemos que compartirla.[16]

Mito número ocho: *La verdad es todo aquello que la gente acepta o lo que sea que logres que se traguen o crean.*

Este mito lleva muchos disfraces. Si tú eres cristiano, tal vez un compañero de estudios se ha lanzado en contra de tus creencias llamándolas anticuadas, arcaicas u obsoletas. Sin embargo, lo que en realidad quiere decir es que: "La gente de por aquí *no acepta* más esas creencias, y eso es todo lo que se necesita para que las creencias sean falsas. " Dicho en pocas palabras, la afirmación es ridícula. Por supuesto, ¡es por eso que no utiliza palabras sencillas!

Tus profesores pueden vestir el mito con ropas aún más elegantes. En la clase de ciencias políticas es posible que escuches acerca del "comunitarismo". Esta es la idea de que no hay ninguna norma para la verdad, sino que las normas que la comunidad acepta son la verdad. En la clase de sociología es posible que escuches acerca de la "construcción social de la realidad". Esta es la idea de que las cosas solo son reales, o verdaderas, si tu sociedad acepta que lo son. En la clase de filosofía es posible que escuches acerca de la "teoría del consenso". El consenso es un acuerdo, por lo que si alguien dice que cree en la teoría del consenso, también te está diciendo que el acuerdo hace que las cosas sean verdaderas.

Como puedes ver, todas estas ideas conllevan a un mismo pensamiento. Cuando las personas intentan ponerme a prueba con estas ideas, me gusta responderles: "Algunas personas no aceptan su teoría de que la verdad es un acuerdo pero eso solo significa que *no* estamos de acuerdo en que la verdad es un acuerdo. Así que, ¿no es cierto que su teoría en *sí misma* es falsa?" Tu puedes utilizar esta misma pregunta solo para ver cómo se horroriza la gente.

La idea de que la verdad es todo aquello que puedas hacer que la gente se trague tiene un atractivo superficial porque en realidad si hay algunos casos en los que el acuerdo hace una cosa verdadera. Veamos, los ingleses acordaron que en las calles de Inglaterra los automovilistas deben conducir por la izquierda, entonces así debe ser. Los estadounidenses acordaron que la unidad de longitud es el pie y tiene doce pulgadas, y así es. Pero también hay casos en los que ninguna cantidad de acuerdo puede hacer que una cosa sea verdadera, como por ejemplo cuando los vikingos acordaron que la tierra era plana. ¿Ese acuerdo significaba que en realidad la tierra era plana? O cuando los nazis acordaron que debían matar a los judíos. ¿Ese acuerdo significa que lo tenían que haber hecho? La gente en el predio de la universidad moderno responde que ellos no creen que la tierra es plana o que se debe dar muerte a los judíos. Es cierto que no creen en esas cosas pero consideran que su acuerdo es suficiente para hacer algunas cosas extrañas igualmente verdaderas. Por ejemplo, muchos piensan que los hombres pueden tener relaciones sexuales con hombres o que las mujeres pueden tener relaciones sexuales con mujeres.

El error en el concepto de que la verdad es cualquier cosa que uno pueda hacer que la gente se crea es tan fácil de detectar que es posible que preguntes: "¿Cómo no se dan cuenta?" El filósofo cristiano Alvin Plantinga sugiere una razón:

> *Una cosa acerca de esta forma de pensar: Tiene grandes posibilidades cuando se trata sobre algo que hayas hecho mal. Miente sobre algo y si tienes éxito (si logras que sus compañeros te permitan decir que tú no lo hiciste), entonces será cierto que no lo has hecho, y de hecho no lo hiciste; y como una ventaja añadida ¡ni siquiera has mentido acerca de ello!*[17]

Creo que es una gran parte de la respuesta. El "tragarse las cosas" no es más cierto que poner una conciencia perturbada a dormir, ya que nada lo puede superar.

Mito número nueve: La verdad es cualquier cosa que dé resultado.

Hace unos años atrás le dije a mi hermano que me había convertido del ateísmo al cristianismo y él me dijo: "Bueno, si te da resultado, está bien." Yo estaba perplejo por su respuesta en aquel entonces y aún sigo perplejo por eso.

En primer lugar, si algo da resultado para alguien es meramente personal, como el caso del que cree en algo de manera sincera. El "algo" podría resultar para él pero no para mí. Por el contrario, las declaraciones de Cristo son verdaderas y son más que algo meramente personal. Al igual que "la tierra es redonda" o "los objetos pesados tienen más masa que los más ligeros", las afirmaciones de Jesús son ciertas para cualquier persona y son verdad para todos.

Además, no sé lo que significa para la fe en Jesús eso de que "dé resultado para alguien". ¿Le da consuelo? ¿Le consigue un trabajo? ¿Lo hace honesto? Ninguna de estas cosas puede probar que una creencia es verdadera. El ateísmo es falso pero me podría dar consuelo si estoy lo suficientemente enojado con Dios. La astrología es una tontería pero me podría conseguir un trabajo en el periódico si sé cómo crear y lanzar un horóscopo. Las hadas no existen pero pensar en que existen podría hacerme honesto si temo que estén mirando para ver si miento.

El mito de que la verdad es cualquier cosa que dé resultado toma dos formas en la universidad: una en el salón de clase y otra en la vida social del predio de la universidad. En el aula, toma la forma de una teoría filosófica llamada "pragmatismo". El pragmatismo confunde a muchos estudiantes pero si tienes en cuenta los puntos que has leído en los dos últimos párrafos, vas a estar bien. Solo recuerda que lo que da resultado para una persona puede no dar resultado para otra; lo que resulta en una *manera* puede no resultar en otra; y lo más significativo es que no importa lo que tengas en mente sobre cómo debe resultar, una cosa puede dar resultado y aún así estar errada. Preguntar si una afirmación es verdadera no es lo mismo que cuestionar si da resultado o no, pero sí lo es preguntarse si es realmente *certera*, si se trata de *hechos*, si *lo que dice es así*. Solo la blancura de la nieve le otorga verdad a la afirmación "La nieve es blanca"; solo el señorío de Jesús le otorga verdad a la afirmación "Jesús es el Señor".

En la vida social del el predio de la universidad, el mito de que la verdad es lo que da resultado toma una forma diferente, la forma de un tapón de conversación. Es posible que tengas un amigo que solía tener ideales pero ahora se preocupa solo por el dinero. ¿Realmente eso es todo lo que importa? "Oye, a mí me da resultado." Otro amigo se emborracha cada fin de semana y ha comenzado a beber entre semana también. ¿Realmente tiene sentido que él se esté destruyendo a sí mismo? "Pues, para mí da resultado. " Aún más, otra amiga ha tenido dos abortos y se acuesta con cada hombre que conoce. ¿Así es cómo tiene que vivir en realidad? "Oye, a mí me da resultado". Sé paciente con tus amigos pero hay que reconocer la consigna que ellos llevan, no es una manera de encontrar la verdad, sino una pared para mantener la verdad fuera.

Jesús tenía razón: La verdad os hará libres. Pero el mito de "lo que da resultado" solo te puede mantener encadenado.

ESTO ES GUERRA

Este capítulo puede haber sido un desafío, así que vamos a hacer un repaso de lo que hemos cubierto.

En primer lugar, pensar que sabes la verdad no es arrogante ni intolerante; la arrogancia viene de tener las convicciones equivocadas acerca de cómo tratar a las personas que no comparten lo que piensas.

En segundo lugar, el objetivo de la búsqueda de la verdad es encontrarla; decir que lo importante en la vida no es tener la verdad, sino la búsqueda de ella, es como decir que lo importante en la enfermedad no es mejorar la salud sino ver a los doctores.

En tercer lugar, el razonamiento depende de la fe; depositar falsamente la fe te mantendrá lejos de la verdad pero la fe bien colocada te ayudará a encontrar la verdad.

En cuarto lugar, no tiene sentido que no exista la verdad, porque entonces no sería ni siquiera verdad que no existe.

En quinto lugar, no tiene sentido afirmar que la verdad no se puede encontrar porque afirmar algo supone que la afirmación es verdadera.

En sexto lugar, las verdades más grandes e importantes no son más difíciles de encontrar que las más pequeñas; de hecho, son más fáciles de hallar porque Dios ha provisto ayuda.

En séptimo lugar, la verdad no es lo que sinceramente crees; solo un poderoso mago podría hacer algo verdadero con solo pensarlo.

En octavo lugar, el acuerdo popular no hace una declaración verdadera; la gente ha estado aceptando cosas sin sentido desde el principio de los tiempos.

En noveno lugar, el lema de que la verdad es lo que da resultado no es un camino a la verdad.

¿Por qué todo esto tiene que ser tan difícil? Porque vas a la guerra. No me refiero a una guerra de bombas, balas y misiles balísticos; me refiero a una guerra mucho más intensa, una guerra de errores, pecados y tentaciones, con bombas a la mente, balas al alma y poderes espirituales a grandes niveles. Mira, según la Biblia, no es solo una coincidencia que el mundo siga en mala dirección. El príncipe de los engaños lanza mentiras contra nosotros así como los soldados lanzan misiles y además el mundo encuentra estas mentiras más atractivas que la verdad. Nuestros ojos no ven como lo hacen los ángeles pero cada vez que alguien acepta uno de los mitos del enemigo, seguro debe verse como si una guerra de la cabeza ha explotado en el corazón, sembrando muerte y destrucción en todas las direcciones.

Para los creyentes, no hay nada que temer porque la armadura de Dios es más fuerte que las armas del enemigo *pero hay que amarrársela.*

¿Has notado que falta algo en la descripción de la armadura de Dios que hace Pablo en Efesios 6:10-18? Él menciona el cinturón de la verdad, la coraza de justicia y el calzado de la buena voluntad para difundir el evangelio. Luego, nombra el escudo de la fe, el yelmo de la salvación y la espada del Espíritu, que es la Palabra de Dios. Al entrelazarse todo junto esto deriva en la oración. Pero todo esto es una armadura que cubre el frente, Pablo no menciona ninguna armadura para la espalda.

¿Por qué pasa eso? Porque Dios no tiene la intención de que alguna vez le des la espalda al enemigo. John Bunyan lo explica a través de una historia:

> *Pero ahora, en este Valle de la Humillación al pobre Cristiano se le pusieron las cosas difíciles, pues ya lo había atravesado; sin embargo, poco antes de salir de allí, a la distancia, Cristiano había divisado un demonio, era nauseabundo y venía por el campo a su encuentro, su nombre era Apolión. Entonces Cristiano empezó a tener miedo y a debatir en su mente si debía regresar al valle o mantenerse firme. No obstante, reconsideró la situación, ya que no tenía armadura que le cubriese la espalda. Por lo tanto, pensó que si le daba la espalda al demonio le daría al mismo la gran ventaja de atravesarle fácilmente con los dardos. Así que, decidió aventurarse y mantenerse firme; porque pensó que ante sus ojos no había nada más importante que salvar su vida y esa era la mejor manera de resistir.*[18]

Vístete con la armadura y avanza cuando puedas, resiste cuando sea necesario pero nunca te retires. Recuerda esto y siempre serás victorioso.

6

MITOS SOBRE EL AMOR Y EL SEXO

MISERIA
Sentado frente a mí, en la sala de orientación había un joven afligido con sentimientos a los cuales no les podía dar nombre. Algunas semanas atrás, él había llevado a su novia para que tuviera un aborto. Todo parecía estar bien en el momento, pero entonces, tiempo después, cuando su abuelo murió, empezó a reflexionar sobre la muerte. En el camino a la casa, después del funeral, vino a él este pensamiento: había matado a su bebé. Fue entonces cuando el mundo se le derrumbó. Algunos amigos, con miedo de lo que podría hacerse a sí mismo, habían llamado al centro de crisis de embarazo y el centro me llamó a mí. Debido a que los grupos de recuperación de hombres no se estaban reuniéndose, me pidieron que trabajara con él uno-a-uno. Para entonces, ya estaba desesperado por hablar.

Esto era un poco inusual. Sin embargo, con la mayoría de los hombres, el impacto del aborto tarda más tiempo en llegar, durante ese período no están dispuesto a hablar sobre el asunto y tienden a sentirlo de manera diferente a como le estaba pasando a él; por ejemplo, una disminución del sentido de la virilidad. Pero allí estaba él, de carne y hueso, un testimonio vivo de que tener relaciones sexuales acarrea consecuencias.

Nuestra era, supuestamente iluminada, está inundada de mitos sobre el sexo y el amor. Este capítulo cubre *mitos generales* (en los cuales tanto hombres como mujeres tienen la misma probabilidad de caer), *mitos de chicas* (en los cuales las mujeres son más propensas a caer) y *mitos de chicos* (aquellos en los cuales los hombres son más propensos a caer).

Voy a pasar casi la misma cantidad de tiempo en los mitos generales y en los de las chicas, no obstante en los mitos de varones mis comentarios serán aproximadamente el 50 por ciento más largos porque toma más tiempo convencer a los hombres.

MITOS GENERALES

Mito número uno: El amor es un sentimiento y el sexo es la forma adulta de expresarlo.

¿Se ha preguntado por qué cuando las personas se casan, *prometen* amarse hasta la muerte? Piénsalo. Los sentimientos cambian, no se puede hacer la promesa de tener un sentimiento. Así que si el amor es un sentimiento, la promesa que se realiza en la ceremonia del matrimonio no tiene ningún sentido en lo absoluto. Sin embargo, el voto tiene sentido porque el amor *no* es un sentimiento. Entonces ¿qué es? *El amor es un compromiso de la voluntad para el verdadero bien de la otra persona.* Por supuesto, las personas que se aman por lo general tienen sentimientos fuertes también pero puedes tener esos sentimientos sin tener amor. El amor, repito, es un compromiso de la voluntad para el verdadero bien de la otra persona.

Ahora *la expresión externa y el sello* de un compromiso de la voluntad es una promesa vinculante. Así que la forma adulta de expresar el amor es *entrar* en una promesa de unión: el matrimonio. "Si realmente me amabas", dicen algunas personas, "tú lo harías conmigo." ¡Tonterías! Si realmente te quisiera, él no te lo exigiría. Si realmente te amara, ella tampoco te lo pediría.

Mito número dos: El sexo es como todo lo demás, para poder tomar buenas decisiones al respecto tienes que haberlo experimentado.

Con respecto a "todo lo demás", ¿es realmente cierto que para tomar decisiones inteligentes acerca de las cosas, tienes que experimentarlas primero? Bueno, es verdad que hay *algunas* cosas que no puedes decidir desde *afuera*, es necesario el conocimiento interno. Como cristiano, por ejemplo, me he dado cuenta que con el fin de conocer a Jesucristo solo hay que confiar en Él, no hay ningún experimento que se pueda realizar, no hay pruebas a las cuales se le pueda someter a Él, solo hay que confiar.

Pero hay otras cosas en esta vida que no son así en lo absoluto. La drogadicción es una de ellas, el suicidio es otra. Nadie diría que tienes que ser un adicto a las drogas para ser sabio acerca de las drogas, nadie diría que tienes que cometer suicidio con el fin de averiguar si se trata de una buena idea. De hecho, en esos casos la experiencia es la única cosa que te impide ser capaz de elegir sabiamente en dichas circunstancias. A través de los siglos, la humanidad ha descubierto un buen número de casos como estos: Comportamientos que perjudican en lugar de mejorar la habilidad para elegir sabiamente, experiencias que restan comprensión en lugar de añadirla. Esa es una de las razones por las que han sido llamados pecados y vicios, y por la gente ha sido advertida para que permanezca lejos de ellos en lugar de ser alentada a que los prueben.

El sexo fuera del matrimonio es uno de esos casos también. Si realmente quieres entenderlo tienes que mantenerte alejado de él. Si te hundes allí, ya no lo podrás comprender. La única manera de entenderlo es desde el seno del matrimonio.[19]

Mito número tres: Si no tienes relaciones sexuales, nunca sabrás si eres compatible con alguien; si no vives con alguien, nunca sabrás si el matrimonio funcionará con esa persona.

Si fuera realmente cierto que la convivencia es un ensayo del matrimonio, entonces los divorcios serían más comunes entre las parejas que no habían vivido juntas antes de casarse en lugar de que esto suceda entre las parejas que sí han compartido el techo. En realidad, ocurre todo lo contrario: Los divorcios son más comunes entre las parejas que han vivido juntos primero que entre las parejas que no lo han hecho. No es difícil entender por qué. La esencia misma del matrimonio es tener un compromiso vincular. La esencia misma de la convivencia es *no* tener ningún tipo de compromiso. Por eso, la convivencia no puede ser un ensayo para el matrimonio, porque las dos condiciones se oponen. Debido a esto, se parece todavía menos a un entrenamiento para el matrimonio y se parece más a un entrenamiento para el divorcio.[20]

¿Qué pasa con la idea de que necesitas darte cuenta si eres sexualmente compatible? La compatibilidad sexual es verdaderamente una idea loca. Nadie nace con un estilo particular en la cama, las personas *aprenden* a tener relaciones sexuales. Cualquier persona puede aprender en un matrimonio. Allí tienen todo el tiempo del mundo, están completamente seguros y los errores son divertidos porque se aman. Después de treinta y dos años de matrimonio todavía estoy aprendiendo cosas nuevas.

Por otra parte, *nadie* puede aprender correctamente sobre cómo tener relaciones sexuales *fuera* del matrimonio: no hay tiempo alguno, no tienes seguridad en la relación y los errores son humillantes porque, enfrentémoslo, estás en una situación de prueba. Todo lo que puedes hacer en ese tipo de relación es adquirir un par de "hábitos" sexuales. Cuando las personas que no están casadas charlan sobre la compatibilidad sexual, lo que quieren decir es que los hábitos sexuales que la *mujer adquirió* al dormir antes con *otros* simplemente resultan semejantes a los hábitos sexuales que el *hombre* adquirió al dormir antes con otras las *mujeres*. ¿No sería más divertido y más emocionante aprender a hacer el amor juntos, desde el comienzo, y en la seguridad de una relación matrimonial?

MITOS DE CHICAS

Mito número cuatro: El sexo fuera del matrimonio es romántico.

Mujer, ¿qué es lo que tiene de romántico estar completamente desnuda delante de un hombre que no se ha comprometido contigo? La única vez que es romántico estar completamente vulnerable ante un hombre es cuando sabes que estás absolutamente segura con él: Que no te va a contagiar una enfermedad, ni te va a dejar si quedas embarazada, ni tampoco te pedirá que te hagas un aborto. Este hombre no va a dormir con otras mujeres, no te va a dejar porque él se preocupa más por lo que es realmente bueno para ti y para ustedes. En *ese* caso es muy romántico ser vulnerable. Pero, esto es lo que llamamos "matrimonio". Solo dentro del matrimonio se puede ofrecer este tipo de romance; solamente el matrimonio puede ofrecer ese tipo de emoción.

Hombres, esto también es para ustedes. Seamos honestos, ¿podemos? La verdad es que muchos de nosotros somos incluso más románticos de lo que son las mujeres pero de una manera diferente. Como los historiadores pueden decir, nosotros fuimos quienes inventamos el ideal romántico de la caballerosidad y en esos días, significaba más que abrir las puertas.

Ahora démosle vuelta a la tortilla: ¿Qué tiene de romántico *poner* a una mujer completamente desnuda delante de ti cuando no has comprometido tu vida con ella?

Por lo demás, ¿qué tiene de romántico dejarla embarazada? ¿O contagiarla de una enfermedad? Si eso es lo que estás haciendo, ¿la estás tratando realmente como a una prostituta en lugar de tratarla como una mujer a quien amas? Hay una diferencia entre ser un " donjuán" y ser un hombre. El caballero honra, adora y protege su dama, el caballero no la *usa*.

Mito número cinco: El sexo fuera del matrimonio mantiene las relaciones unidas.

Es cierto que a menudo se puede conseguir a un hombre para que se quede por un rato pero esto es un error, porque se piensa que se puede conseguir que se *quede* si tienen relaciones carnales. Aquí hay cuatro trampas a lo largo de este camino.

En primer lugar, el sexo fuera del matrimonio tiende a empeorar las relaciones, no a mejorarlas. Ustedes solían ver películas juntos, ver a los amigos juntos, tener conversaciones interminables y ahora todo lo que hacen es tener relaciones sexuales. Las tienen más y más pero las disfrutan menos y menos porque eso está *tomando el lugar* de la relación en vez de enriquecerla, como sucedería en el matrimonio.

En segundo lugar, aunque puede ser políticamente incorrecto decirlo, un hombre nunca te dará un valor más alto que el que te otorgas a ti misma. Él podría tener relaciones sexuales con una mujer que cae en la cama con facilidad pero no es probable que se case con una mujer que cae en la cama con facilidad. ¿Por qué habría de hacerlo? Siempre estaría preguntándose con quién vas a caer en la cama después. Así que, ¿realmente quieres ser su muñeca de práctica?

En tercer lugar, cuanto más le das sexo, más vas a esperar de la relación, porque así es como están hechas la mayoría de las mujeres. El problema es que la mayoría de los hombres no están hechos así. Entre mayores sean tus expectativas, más se va a molestar él porque, fuera del matrimonio, no tiene ningún tipo de compromiso.

En cuarto lugar, la variedad es típicamente más intrigante para los hombres de lo que es para las mujeres. Sé que no está de moda decir eso tampoco, pero es verdad. Así que cuanto más relaciones sexuales tengas con tu novio, más pronto se aburrirá y encontrará a alguien más con quien acostarse. ¿Eso no es un problema en el matrimonio también? No. El matrimonio es diferente, ya que ofrece una variedad más profunda, que no depende de ir a la cama con personas nuevas. Voy a decir más sobre esto cuando analice el mito número nueve.

Mito número seis: El sexo fuera del matrimonio es una señal de compromiso.

Hemos dicho antes que el amor es un compromiso de la voluntad para el verdadero bien de la otra persona, pero también dijimos que su *sello* es la promesa de unión del matrimonio. Antes de ese momento, todo es reversible, incluso el compromiso. Entonces, ¿cómo se puede saber si tienes un compromiso? Si estás casada, tienes uno. Si no estás casada, no lo tienes. ¿Tienes un novio que dice que está comprometido contigo pero que no está listo para el matrimonio? Entonces te está mintiendo para evitar el compromiso de casarse. ¿Cómo puede una persona comprometerse contigo y también rechazar un compromiso contigo? Así que el sexo fuera del matrimonio no es una señal de compromiso; es una señal de que él ha conseguido lo que quería.

MITOS DE CHICOS

Mito número siete: El sexo es una necesidad y las necesidades físicas no son malas.

Uno de los grandes secretos de la vida es que hay una diferencia entre un *querer* y una *necesidad*. Un querer no es más que un deseo. Por otro lado, una necesidad es algo que requiere la vida. Por ejemplo, *necesito* comida pero yo solo *quiero* una barra de chocolate. Sin comida yo moriría, pero sin una barra de chocolate solo estaría decepcionado. El problema con el mito número siete es que confunde estas dos cosas. Se dice que el sexo es una necesidad física pero en realidad el sexo es solo un deseo físico. Nadie muere por no tener relaciones sexuales.

Es cierto que algunos chicos *actúan* como si ellos fueran a morir si no tienen relaciones sexuales. Pero seamos honestos, la razón principal para actuar de esa manera es hacer que tu novia sienta lástima por ti y así ella ceda. La única otra razón que se me ocurre es que sientes lástima por ti mismo.

Ahora no me malinterpretes: entiendo por qué sientes lástima de ti mismo. Si has estado teniendo relaciones sexuales solo para aliviar el deseo, estás en la misma triste situación que tiene el hombre que se rasca para aliviar la comezón de una picadura de insecto. Sí, rascarse alivia la comezón por un momento pero cuanto más te rascas, más pronto regresa, y aún más fuerte de lo que era antes. Muy pronto estarás atrapado en un círculo de comezón y rascado, comezón y rascado, y en lugar de sentirte satisfecho, estarás más frustrado que antes de empezar. Te empieza a picar por todo el cuerpo y solo puedes pensar a donde te vas a rascar luego La única forma de salir de este círculo vicioso es la terapia de choque o sea actuar de golpe. No es fácil, pero la alternativa es peor. La solución es que no tengas relaciones sexuales solo para aliviar el deseo; espera hasta el matrimonio, donde disfrutarás de hacer el amor.

Mito número ocho: El sexo es para el placer y el placer no puede ser algo malo.

¿Por qué alguien en este mundo pensaría que el placer está mal? Las personas obtienen placer en todo tipo de formas equivocadas: al escuchar las conversaciones de otras personas, al ponerse estúpidas con las drogas, al conducir a altas velocidades en carreteras con mucho tráfico, por eso, algunas personas incluso obtienen placer al infligirle dolor a otros. Sé por lo que pasas y lo que algunos están pensando. Ellos creen que el placer del sexo fuera del matrimonio es diferente por eso y no le hace daño a nadie. Si tú piensas de esa manera tengo un par de cosas para decirte.

La primera es: ¿Has leído las últimas páginas? ¿Has prestado atención? No sé cómo poner de modo más claro que al tener relaciones sexuales fuera del matrimonio estás destrozando la relación, arruinando el romance, deshonrando a tu pareja y, en general, echando a perder tu vida y la de ella.

La segunda es: ¿Dónde has estado durante los últimos *veinte años más o menos*? SIDA, herpes, clamidia, sífilis, gonorrea, verrugas genitales y más de una docena de otras enfermedades de transmisión sexual, la mayoría de las cuales solían ser poco frecuentes, ahora están causando estragos en la población. Más de 1.3 millones de abortos se llevan a cabo en los Estados Unidos cada año. La tasa de nacimientos ilegítimos está subiendo tan rápido que en algunos lugares de los Estados Unidos nacen más bebés fuera del matrimonio que dentro del mismo. ¿No crees que es hora de retirar el lema de que el sexo fuera del matrimonio no lastima a nadie?

El problema con la idea de vivir para el placer es este. ¿Alguna vez has oído hablar de la paradoja hedonista? Un hedonista es una persona cuyo objetivo en la vida es el placer. La paradoja hedonista es que si tú persigues el placer, el placer volará lejos, si persigues el placer por razón del mismo, después de un tiempo ¡no se puede conseguir nada de placer en lo absoluto! Podríamos discutir todo el día y la noche acerca de *por qué* es cierto. El punto es que *es* verdad. Si vives para el placer, no tendrás ningún placer. Ahora, el *nombre* de "paradoja hedonista" viene de los filósofos. Sin embargo, tú no tienes que recurrir a los filósofos para escuchar hablar de eso. Cuando estaba en la escuela secundaria, Mick Jagger de los Rolling Stones solía cantar una canción llamada *"I Can not Get No Satisfaction"* [No puedo obtener ninguna satisfacción], y muy pocos de nosotros teníamos dificultades para imaginar cuál era el tipo de satisfacción de la que probablemente estaba hablando. Ahora aquí está lo más importante: La única manera de obtener placer, sexual o de cualquier otro tipo, es conseguirlo como un subproducto de la búsqueda de algo más, como el verdadero bien de otra persona. Por lo tanto: ¿Quieres placer verdadero y duradero? Entonces tienes que dejar de perseguir el placer y comienza a perseguir *el amor*. Espera hasta el matrimonio, es tu única oportunidad.

Mito número nueve: El matrimonio es aburrido porque no hay ninguna variedad.

Ya he dicho que los hombres están más interesados en la variedad que las chicas. Sin embargo, hay dos tipos de variedad: la variedad superficial y la variedad profunda. Por variedad superficial me refiero a experimentar una mujer tras otra pero nunca conseguir nada más allá de lo superficial. Por variedad profunda, me refiero a experimentar la profundidad después de estar con la *misma* mujer, no solo superficialmente, sino en todos los otros niveles de su personalidad. Una persona completa, alguien que *no eres* tú, es una cosa asombrosa, siempre nuevo, siempre sorprendente. Esta relación proporciona variedad infinita pero dentro de la unidad de una sola alma que te quiere. La primera variedad es como mojarse los pies en quince piscinas inflables para niños en un día. El segundo, es como nadar en el océano, yo prefiero nadar en el mar, ¿tú no?

Ahora, tal vez estás pensando que no tienes que elegir. Tal vez piensas que puedes tener "variedad superficial" durante algunos años y aún así disfrutar de una profunda relación cuando te cases; piensas que puedes probar todas las piscinas inflables y aún nadar en el océano después. Lo siento, no funciona de esa manera. El problema es que, pasar de cama en cama con el tiempo, destruye la *capacidad* de experimentar las profundidades de otra persona. Aquí te doy un ejemplo de lo que estoy hablando. Tú has utilizado cinta adhesiva, ¿verdad? Es muy buena para el sellado de cajas y adherir una cosa con otra. Pero sabes que tienes que tener cuidado cuando la utilizas.

Un pedazo de cinta adhesiva que esté nueva se pega a todo lo que toca, ya sea que lo quieras o no. La cinta no puede evitarlo; *sirve para eso*. Pero si no te gusta donde la cinta se pegó e intentas despegarla, vas a romper el envoltorio. El paquete se romperá y cuando hayas despegado la cinta no tendrá suficiente pegamento. Pegar y despegar la cinta de una cosa a otra, finalmente resultará en que no se pegará a nada más.

Tu sexualidad es así, pero de una manera emocional y espiritual, más que de una manera física. Del mismo modo en que una pieza nueva de cinta se adhiere a todo lo que toca, la primera vez que la utilizas, la sexualidad en tu vida va a pegarse a quienquiera toques. No se lo puede evitar porque *sirve para eso*. Pero si no te gusta la persona con quien te estás acostando, y tratas de soltarte, van a haber problemas y perjuicios. Algo en tu corazón se rasgará y algo en tu corazón y en el de la otra persona se rasgará también. Para cuando te hayas podido soltar, tu sexualidad no será como antes. Si te unes carnalmente a una persona y otra, y otra más, la consecuencia será que no puedas establecer una relación con nadie en absoluto. Te irás a la cama formando pareja con diferentes personas, pero no sentirás nada. Así, habrás destruido tu capacidad para manejarte en la intimidad.

Quizás, algunos están de acuerdo con la respuesta que acabo de dar a la objeción sobre "la variedad superficial del "ahora" y la variedad profunda del "después", pero, tienen una objeción diferente.

¿Entiendes la diferencia entre estos dos tipos? ¿Comprendes que ir por la variedad superficial destruye la capacidad para la verdadera y profunda intimidad. Piénsalo: *Pregúntate "¿Quiero el tipo de variedad profunda, y no una docena de piscinas para niños o quiero el océano". Tu respuesta debería ser: "No quiero la superficialidad de una docena de mujeres, quiero la profundidad, de una misma mujer. Aunque puede ser que también pienses, "quiero mantener mis opciones abiertas". Estoy a favor de la intimidad pero no para las promesas. Estoy a favor de una pareja pero no estoy para del matrimonio.*

Si piensas así, puedes ir olvidándolo. Fuera del matrimonio no hay una oportunidad para que haya una intimidad profunda. ¿Observaste bien lo que acabas de leer aquí? Déjame repetirlo otra vez. ¿Quieres mantener tus opciones abiertas? Pero la intimidad requiere que te deshagas de las opciones. Es por eso que los enamorados deben casarse y el matrimonio *tiene* que ser permanente. Si tú y tu novia no han comprometido sus vidas en una relación de matrimonio, siempre estarán reservándose el uno del otro, sea que lo hagan conscientemente o no. De hecho, sería una locura que no fuera así.

¿Por qué deberías mostrarle todos tus tesoros a alguien que podría dejarte? ¿Por qué habría de hacerlo *ella*? No obstante, el "reservarse" es otra manera de decir que no estás nadando en el océano después de todo. Quizás trates de alcanzar las profundidades de ella, pero solo vas a rasgarte el corazón con el fondo poco profundo. Puedes pensar que estás nadando en el océano porque no puedes sentir el fondo pero eso solo sucede porque en verdad no lo estás alcanzando y ella tampoco.

NO ES EN VANO

Para que no haya ningún malentendido, vamos a repasar lo que he dicho en este capítulo.

En primer lugar, el amor no es un sentimiento; es un compromiso de la voluntad para el verdadero bien de la otra persona. Eso significa que su expresión adulta no es el sexo, sino las promesas de unión del matrimonio.

En segundo lugar, las relaciones sexuales fuera del matrimonio no ayudan a entender mejor el sexo. Para que puedas tomar decisiones inteligentes acerca de esto tu comprensión debe ser de tal manera, que las decisiones inteligentes sean totalmente pensadas.

En tercer lugar, tener relaciones sexuales con otra persona no te dice nada acerca de la compatibilidad entre ustedes, ni tampoco la convivencia, mucho menos si este llegaría o no funcionar entre ustedes.

En cuarto lugar, el sexo fuera del matrimonio no es romántico; de hecho, es todo lo contrario.

En quinto lugar, las relaciones sexuales fuera del matrimonio no son las que sostienen unido al matrimonio sino que, en realidad, contribuyen al deterioro de las mismas.

En sexto lugar, el sexo fuera del matrimonio no es una señal de compromiso; sino que se trata de que alguien consiga lo que quiere.

En séptimo lugar, el deseo sexual no es una necesidad, como cuando tienes comezón y necesitas rascarte.

En octavo lugar, los placeres pueden ser malos o buenos, además de que las relaciones sexuales fuera del matrimonio no traen un placer duradero, sino que matan el placer.

En noveno lugar, la promiscuidad es la que es aburrida y la emoción de la intimidad marital no se trata de jugar a "la casita".

Antes de concluir con este capítulo, voy a formular unas preguntas para que reflexiones detenidamente sobre esto.

¿Por qué Dios hizo dos sexos diferentes? Él no tenía por qué hacerlo. Hay otras maneras de reproducirse, como por ejemplo el brote de las plantas o la división de las células. En cambio, estableció un sistema totalmente diferente y complicado. Para concebir "nuevos seres humanos" es necesario que entren en acción dos personas sexualmente maduras, y además de eso deben unirse carnalmente para lograrlo. Estoy hablando de la relación entre "un varón y una hembra" donde cada sexo se siente incompleto y *anhela* al otro. Dios podría haber hecho un ser de un solo sexo autosuficiente que se sintiera perfectamente completo y que no anhelara a nadie, sin embargo, Dios no lo hizo así. ¿Por qué no?

¿Sabes qué pienso? Creo que Dios nos hizo varón y hembra, porque *necesitamos* desearnos mutuamente porque no es bueno estar absorto en uno mismo. De alguna manera, cada uno de nosotros tiene que salir del ensimismamiento. Por eso, con la ayuda de la gracia de Dios, el matrimonio de un hombre y una mujer puede hacer que eso suceda. La autogratificación del sexo solitario puede hundir más profundamente a una persona en el yo. La relación homosexual no puede lograrlo, es más llega a ser hasta autosuficiente porque las relaciones sexuales casuales son nada más que eso, simplemente utilizar al otro para los fines propios del yo.

Pero, un matrimonio cristocéntrico cambia el egocentrismo enseñándole al marido y a la esposa, a olvidarse de sí mismo, de lo suyo, para cuidarse y sacrificarse por los suyos, y sacrificarse por el otro.

Puedo mostrarte que existe un misterio más profundo. Es tan íntimo y profundo como el matrimonio con otro "ser humano"; es un símbolo, un vislumbrar, un anticipo de una unión espiritual aún más profunda con Alguien que es mucho más que un "ser humano". Por eso, la Biblia compara al cielo con una fiesta de bodas, recuerda esto: los símbolos son siempre simples indicios de las abrasadoras realidades que simbolizan. Si eso no te conmueve, nada lo hará.

7
MITOS SOBRE LA POLÍTICA

CANDENTE

No hace mucho tiempo en el predio de la universidad, varios cientos de estudiantes liberales ocuparon un edificio de la facultad de derecho para protestar sobre las declaraciones de un profesor conservador contra las preferencias raciales en las admisiones. Estas preferencias son políticas, y en los períodos de ingreso, se le da cierto favoritismo a algunas razas. Este era un tema candente porque un tribunal federal ya le había ordenado a la universidad de derecho que dejara de utilizarlas.[21] Lo que causó problemas al profesor fue su afirmación que las familias de algunos grupos étnicos hacen más énfasis al estudio académico que otras familias de diferentes etnias. Mientras que un grupo concordaba con esta observación imparcial de los hechos, el otro bando dijo que era un estereotipo racista. Los ánimos se encendieron y pronto la gente tomó el edificio y hasta el noticiario nocturno difundió la noticia sobre la universidad de derecho.

Entonces, la realidad es que algunas universidades tienen una inclinación política. ¿Qué relación tiene *eso* con permanecer siendo un cristiano en la política? Lo explicaré en solo tres puntos:

Punto uno1: Cómo puedes ver en la historia la manera en que la política trata cuestiones básicas de lo que es correcto e incorrecto.

Punto dos: La Biblia mostrará que Dios tiene mucho que decir acerca de lo que es correcto e incorrecto.

Punto tres: Cuando a las personas no les gusta lo que Dios dice acerca de lo que es correcto e incorrecto (o lo que ellos *piensan* que dice sobre el bien y el mal), tienden a hacer de sus propias ideas un dios. Sus ideologías se convierten en religiones sustitutas. Entonces tenemos un problema.

Si crees que no estás interesado en la política, esto no afectará tu forma de pensar. Sin embargo, me he percatado de que es todo lo contrario. Los estudiantes que se muestran más apáticos son *los que más* son influenciados por las ideas políticas circundantes, debido a que no están pensando seriamente, no se están tomando la molestia de *separar el grano de la paja*.

EL RESUMEN

Este capítulo es más ligero que el anterior, porque no creo que la política sea tan difícil de entender como las relaciones sexuales de los seres humanos. Lo que esperarías en una clase de educación cívica aquí se excluye, y si quieres saber sobre el producto nacional bruto, estás leyendo el libro equivocado.

Este capítulo cubre tantos mitos como lo hizo el anterior y son: mitos políticos. Puedes escucharlos en cualquier lugar: en el aula, en una reunión política de estudiantes, incluso entre amigos en el dormitorio. Pero vas a tener que escucharlos con atención, porque a veces, se esconden "entre líneas". Acá vamos a cubrirlos *mitos generales* (como es habitual, estos son los que casi cualquier persona se puede *tragar*), *mitos liberales* (los que las personas de izquierda son más propensas a engullir) y los *mitos conservadores* (los que las personas de derecha son más propensas a devorar).[22]

Si ya has tragado algunas de estas ideas falsas, varias partes del capítulo pueden hacerte enojar. Pero está bien, no me preocupa.

MITOS GENERALES

Mito número uno: Dios le pertenece a tu partido

Un gran error que cometen muchos estudiantes cristianos en la política es que se olvidan de buscar la voluntad *de Dios* y en su lugar, esperan que Él lleve a cabo la voluntad *de ellos*. Algunos demócratas piensan que Dios es demócrata, algunos republicanos piensan que Dios es republicano, otros liberales piensan que Él es liberal, y algunos conservadores piensan que Dios es un conservador. Esperan que Dios apoye todos los puntos de sus programas políticos aunque nunca han consultado con Él.

A veces, esta actitud parece insensata, como en el caso del político que dice en una gran reunión de campaña: "Dios, dirige a *Tu partido* a la victoria." Este tipo de actitud puede conducir a la blasfemia. Un caso muy común en el predio de la universidad es que algunos cristianos se dejan atrapar por la causa a favor del aborto, y luego le piden al mismo Dios que forma a los niños en el vientre materno que les ayude a luchar por el derecho a destruirlos. ¡¿En qué están pensando?!

Existimos para servir a Dios. Él no existe para servirnos a nosotros. Ningún país, ningún partido político, ni ideología política puede poseer a Dios, Él es el jefe.

Mito número dos: Cada cual se pertenece a sí mismo.

Muchas personas en el predio de la universidad piensan que los seres humanos se hicieron a sí mismos, se pertenecen a sí mismos y tienen un valor en y por ellos mismos. Esto puede parecer bastante abstracto pero tiene implicaciones prácticas. En política, si una persona cree que es propietaria de sí misma, es probable que también crea que tiene derecho al suicidio asistido, al aborto, y en general un derecho de hacer lo que le apetezca y por supuesto, que pretenderá que las leyes lo respalden en todo eso. Sin embargo, la Biblia expresa una visión muy diferente: los seres humanos están hechos por Dios, le pertenecen a Él y tienen un valor porque Él los ama y están hechos a su imagen. ¿Hay alguna diferencia en la política? Seguro que sí. Por ejemplo, considera el suicidio: Si le pertenecemos enteramente a Dios, entonces tenemos el deber de vivir para Él, no de matarnos a nosotros mismos; sino que por su causa debemos mostrar compasión unos a los otros en tiempos difíciles.

Mito número tres: El fin justifica los medios.
Muchas personas que están en la política piensan que es correcto hacer cualquier cosa para conseguir sus objetivos políticos: sabotear las urnas, destruir documentos públicos, hacer cualquier cosa que sea necesaria para lograrlo. Podrías pensar que este punto de vista solo prospera en lugares como Washington, D.C., ¡pero también sucede en la universidad! Los estudiantes también hacen trampa para ganar las elecciones del gobierno estudiantil los profesores distorsionan los hechos con el propósito de ganar seguidores para su causa política.

Caer en la falta de honradez política es más fácil de lo que parece. Una pequeña mentira lleva a otra, y para calmar tu sentimiento de culpa, te mientes a ti mismo también. Tal vez te dices a ti mismo que en realidad no estás mintiendo, sino solo "reformulando los hechos". Quizá tu lema sea: "No se puede hacer una torta de huevos sin romper algunos de ellos". Tal vez repites falsas filosofías que has escuchado en el aula, como: "Los actos deben ser juzgados por sus consecuencias". O tal vez solo pones excusas como: "Sé que el fin *usualmente* no justifica los medios, *pero mi caso es especial*". En poco mientes tanto que ni siquiera puedes recordar la verdad, y lo peor de todo eso es que aún se olvidan de la verdad, y por lo general van a olvidar la Verdad ¡y entiendes a *Quién* me refiero!

Volver a encontrar la verdad es terriblemente difícil, por eso es mejor no alejarse de Él desde un principio.

MITOS LIBERALES

Mito número cuatro: El trabajo del gobierno es reformar todo.
Dios le asignó a algunas instituciones sociales sus propios fines o trabajos especiales. Por ejemplo, la familia es para criar a los hijos y la iglesia es para edificar el reino de Dios. ¿Y el gobierno? ¿Le ha dado Dios a esta institución social algún propósito especial también? Sí, el gobierno es para castigar a los que hacen el mal y rendir homenaje a quienes hacen el bien (lee 1 Pedro 2:14). Para castigar, utiliza tribunales, cárceles y ejércitos, y para rendir homenaje se realizan memoriales públicos y se otorgan medallas de honor. A esta tarea de castigar y homenajear se la llama *defender la justicia pública*.

En este mundo de pecado, es inevitable que muchas cosas buenas que deben suceder no ocurran y muchas cosas malas que no deberían ocurrir, sucedan. Debido a que el gobierno es tan poderoso, muchos estudiantes universitarios piensan que puede utilizarse para hacer que todas las cosas buenas sucedan y evitar que todas las cosas malas ocurran. Para lograrlo, quieren que el gobierno intervenga en los asuntos de las *otras* instituciones sociales, como la familia y la iglesia. Estas personas utilizan mal las palabras y le *llaman a esto* defender la justicia pública. Por desgracia, cuando el gobierno trata de hacer trabajos que no son los propios, solo empeora las cosas.

Mito número cinco: La compasión significa generosidad barata.
Obviamente, el cristianismo enseña la compasión. Sin embargo, muchos estudiantes cristianos que se ven envueltos en causas políticas y confunden la compasión con la generosidad barata. ¿Cómo puede ser la generosidad barata? Una forma de generosidad barata es cuando se regala algo a expensas de los demás. Es fácil decir que otras personas deberían pagar impuestos para ayudar a un grupo por el cual tú sientes lástima.

Tranquilo, no te estoy te estoy diciendo sí ese gasto es bueno o malo, sino que no debes engañarte a ti mismo llamándolo compasión. La verdadera compasión es aquella donde tú eres quien lleva la carga y pagas el precio. ¿Me explico?

También, la generosidad es barata cuando hacemos lo que nos hace sentir bien en lugar de lo que realmente ayuda a otros. Quizás te haga sentir bien el hecho de dar o hacer cosas gratuitamente, pero la realidad es que el *gobierno* no puede dar una ayuda verdadera a los pobres. La verdadera manera de ayudar es lavar ollas y sartenes en un comedor de asistencia social, pasar tiempo con un niño huérfano o enseñarle a una mujer analfabeta a leer; no obstante, solo tú puedes hacerlo y eso es difícil.

Mito número seis: La fe y la política deben estar separadas

"¡Espere un minuto, profesor! ¿Cómo puede llamar un "mito" al hecho de que la religión y la política deben estar separadas? ¿No es cierto que la Constitución habla de un "muro de separación entre la iglesia y el estado"?"

¡No! Incluso cuando se incluyen las enmiendas, la Constitución dice solo tres cosas acerca de la religión que enumero seguidamente:

Artículo VI: "Nunca se exigirá una declaración religiosa como condición para ocupar ningún empleo o mandato público de los Estados Unidos."

Enmienda I: "El Congreso no hará ley alguna por la que adopte una religión como oficial del Estado o se prohíba practicarla libremente."[23]

Dicho de otro modo: (1) El gobierno no está autorizado a hacer que las personas hagan una prueba religiosa con el fin de calificarla para ser parte de un empleo federal; (2) El Congreso no está autorizado a establecer una iglesia oficial del estado; y (3) no se le permite al Congreso que detenga a las personas por practicar sus religiones.

Estas tres reglas están hechas para proteger tu libertad de seguir a Dios, no para abolirla. El famoso lema del "muro de separación" simplemente no está allí.

En 1947, la Suprema Corte señaló que si la línea de separación fuese como un "muro", los bomberos no podrían siquiera apagar incendios en las escuelas religiosas, ya que ¡los bomberos son empleados del gobierno![24] Eso dijo la Corte, sería ridículo. Entonces el resultado es que no hay un "muro". Si hubiese alguno, tendríamos que protestar. Los cristianos son libres de actuar de acuerdo a sus convicciones en la política, al igual que los ateos son libres de actuar de acuerdo a sus convicciones.

MITOS CONSERVADORES
Mito número siete: El trabajo del gobierno es mantener las cosas igual.
Recuerdas la película *Chicken Little* (el "Pequeño Pollo"), un personaje de una película animada), un cabeza hueca menor de edad que pensaba que el cielo se estaba cayendo. Otro día, *Chicken Little* le gritaba a todo el mundo: "¡Fuego! Fuego!" Finalmente la vaca le dijo: "Tú, pollo tonto, no hay fuego aquí. ¿No te das cuenta?" Al ver que eso era cierto, *Chicken Little* inmediatamente comenzó a gritar: "¡Inundación! ¡Inundación!"

La política es muy parecida a eso, tanto en el predio de la universidad como en otros lugares. Muchas personas que escapan del mito de que el trabajo del gobierno es reformar todo, simplemente caen en el mito contrario: el trabajo del gobierno es mantener todo igual. Por ejemplo, he escuchado que argumentan que a pesar de que se cometió un error al legalizar el aborto, también sería un error volverlo ilegal de nuevo, *solo porque la gente ya está acostumbrada a eso y no quieren el cambio*. Ese argumento defiende una injusticia *liberal* con un mito *conservador*. El sentido común te dice que algunas cosas deben cambiar y otras no deberían de hacerlo.

Mito número ocho: La riqueza es una medida de la virtud moral.

Al igual que algunas personas tienen dificultades para entender lo que realmente es la compasión, otros tienen dificultades para comprender por qué la compasión es importante. Algunos de mis estudiantes me dicen que la ayuda del gobierno ha recompensado la pereza y la dependencia, en general, creo que eso es cierto. Pero a veces ellos también sugieren que todos los necesitados son perezosos y dependientes, además que todos los ricos han logrado su riqueza a través de la virtud y el arduo trabajo. Eso no es cierto en lo absoluto.

De hecho, Jesús dijo que es más fácil pasar un camello por el ojo de una aguja, que entrar un rico en el reino de Dios. (lee Lucas 18:24-25; y compara con 6:20).[25] Tal vez, Jesús decía esto porque los ricos tienden a poner su confianza en sus riquezas en lugar de colocarla en Dios. Por supuesto, el pobre puede llegar a amargarse en su deseo de prosperidad y eso también desplaza a Dios.

Mito número nueve: El valor de la fe radica en sus resultados sociales.

Algunos estudiantes cristianos se desconectan del liberalismo y son atraídos por el conservadurismo porque los conservadores dicen cosas más agradables sobre el cristianismo. Es cierto que los conservadores son menos propensos a atacar la religión, pero ten cuidado: Tú puedes pensar que una persona está alabando lo que creemos porque piensa que es verdad pero esa misma persona puede estar alabando simplemente porque piensa que es útil. Recientemente se publicó un libro con el título *Why America Needs Religion?*[26] [¿Por qué los Estados Unidos necesita la religión]. Suena a cristiano, ¿verdad? Adivina ¿qué? ¡El autor es ateo!

Cuando la gente dice que Estados Unidos "necesita la religión", lo que por lo general quieren decir es que las personas religiosas cometen menos delitos, tienen matrimonios más estables y un menor número de hijos ilegítimos que las personas no religiosas. En otras palabras, los Estados Unidos "necesita la religión", ya que necesita de estos buenos resultados. No niego que los mismos sean buenos pero aún así, hay tres problemas con esta forma de pensar.

En primer lugar, si los resultados son lo único que importa, entonces una religión falsa que da resultados deseados sería tan buena como una religión verdadera. No solo eso, sino que si los resultados son lo único que importa, entonces si se pudiera encontrar una manera de producir estos resultados sin la religión, en verdad no la necesitas. Lo más importante de todo, si lo que te interesa son los resultados, no estás realmente adorando a Dios, estás adorando los resultados.

EL VERDADERO PAÍS

Al inicio dije que este capítulo avanzaría rápidamente, así que esta vez me ahorraré el resumen. En su lugar vamos a ir un poco más lejos. ¿Qué es la política? La política es el arte de vivir como ciudadanos. Pero ¿quiénes son los conciudadanos? Los conciudadanos son las personas que deben lealtad a un mismo país. Entonces, ¿dónde está nuestra ciudadanía y cuál es nuestro país?

Diferentes lectores darán diferentes respuestas. La mayoría dirá que en "los Estados Unidos". Algunos pueden decir "Inglaterra", "Canadá" u otro país. Todas esas respuestas son perfectamente correctas pero si perteneces a Cristo puedes dar una más profunda. El país que has nombrado puede ser tu país de nacimiento pero tú tienes otro "país" por adopción. El apóstol Pablo lo nombró en Filipenses cuando dijo: "Nuestra ciudadanía está en los cielos" (3:20). Ese es el verdadero país de todos los cristianos. En la tierra, solo eres un peregrino, sin embargo, algún día, irás a casa.

No estoy diciendo que no debes respetar al gobierno o la ley terrenal. De ninguna manera, de hecho, la Biblia nos manda a respetarlos. Solo recuerda que estás también bajo un gobierno más alto (el de Dios) y una ley superior (sus mandatos). Entonces, ¿estoy diciendo que debido a que tu verdadera ciudadanía está en el cielo, no debes involucrarse en causas terrenales? No, eso sería como decir que solo porque tu ciudadanía está en los cielos, no debes comer alimentos terrenales ni respirar aire terrenal. Solo recuerda que tienes una causa superior, representar al Rey y que mayor a la Constitución, es el Evangelio; mejor que un presidente, tienes un Salvador y mejor que una bandera, tienes una cruz.

CÓMO HACER FRENTE

8
CÓMO ENFRENTAR LA VIDA SOCIAL EN LA UNIVERSIDAD

"CÓMO HACERLO"

Entra en cualquier librería y encontrarás libros sobre cómo ser popular, cómo atrapar a una pareja, cómo hacerte rico, cómo influir en otras personas y cómo ganar las elecciones.

Estos libros están repletos de reglas y más normas de las que alguna vez encuentres en la Biblia. Pero a diferencia de las reglas de la Biblia, estas normas no son para ayudarte a mantenerte en amor santo con Dios, sino para ayudar a mantenerte en un amor codicioso contigo mismo. Para los cristianos, la vida social es como el amor que el trino Dios te da y emana de ti expresado en un nuevo amor hacia otras personas, esa es la forma en que imitas su amor divino en la vida diaria. Si andas en esa clase de amor, la vida social se convierte en una sala de espejos en la que tenemos que estar mirando a otras personas pero solo podemos vernos a nosotros mismos.

Permíteme mostrarte lo que quiero decir. Las siguientes citas provienen de uno de los libros de autoayuda de los que estoy hablando. Este es un libro de la nueva era que establece un millar de reglas y pretende aparentar que no presenta ningún tipo de normas.[27]

"Bienaventurados los centrados en el Yo, porque ellos conocerán a Dios".

"Que cada persona en una relación no se preocupe por el otro, sino solo, solo, solo por el Yo."

"Durante siglos se te ha enseñado que la acción impulsada por el amor surge de la elección de ser, hacer y tener todo lo que produce el mayor bien para el otro. Sin embargo, te digo esto: El mayor bien es el que produce el mayor bien para ti."

"Recuerda que tu trabajo en el planeta no es para ver cuánto tiempo puedes permanecer en la relación; es decidir y experimentar, quién eres realmente".

"Practica decir diez veces cada día: AMO EL SEXO. Practica decirlo diez veces: AMO EL DINERO. Ahora, ¿quieres una realmente difícil? Intenta decir esto diez veces: ¡YO ME AMO!"

El autor incluso intenta ¡presentar al egoísmo como una "causa sagrada"! Tal vez estás pensando: "Vamos, nadie queda atrapado por puntos de vista como estos". Si es así, tienes otra cosa en el camino. El libro que estoy citando estaba en la lista de los más vendidos del *New York Times* por más de un año y la gente no suele desembolsar dinero en efectivo para comprar libros que no van a adoptar en su vida. Un buen número de otros libros más vendidos brindan los mismos consejos. El amor propio es de lo que la vida mundana social se trata, y si aún no te ha golpeado en la cara lo hará cuando llegues a la universidad. De todas partes del enemigo te susurrará: "Piensa de este modo también; sí, piensa de este modo también. Por aquí está la felicidad. Por aquí está la alegría. De esta forma encuentras cómo saber quién eres en realidad." Pero, en ese camino está el dolor, la soledad y el nunca conocer a otra persona. La visión cristiana de la vida social es una visión de *sacrificio*. Nos sacrificamos por los demás como Cristo se sacrificó por nosotros. Su visión de dejar de lado el yo es la única manera de saber quiénes somos.

Así que vamos a hablar de la vida social en la universidad desde un punto de vista diferente, el bíblico o sea desde un punto de vista divino. Sí, voy a darte unos consejos y puedes llamarlos "reglas". Pero recuerda que nosotros no seguimos a Dios porque queremos permanecer enamorados con las reglas, las seguimos porque queremos permanecer en amor con Dios, el Consejero Admirable, Padre Eterno, Príncipe de Paz.

AMIGOS Y CONOCIDOS

¿Qué es la amistad? En el sentido más amplio, la amistad es una relación personal basada en la confianza entre personas que se conocen bien y procuran el bien mutuo.

Esta definición es muy amplia. La amistad que Abraham disfrutaba con Dios era diferente a la que disfrutó David con Jonatán. La amistad que un marido disfruta con su esposa es diferente a la que goza un representante de ventas con un cliente. Los niños disfrutan de un tipo diferente de amistad con sus padres a la que disfrutan con los compañeros de su misma edad. Los estudiantes disfrutan de un tipo diferente de amistad con un maestro de confianza a la amistad que disfrutan entre sí. Estas relaciones pueden variar en función de si los amigos son cercanos o distantes, si son iguales o desiguales, o si son del mismo sexo o de sexos opuestos. Por último, pueden tener diferentes fundamentos: las amistades pueden estar basadas en el parentesco, la diversión o la mera familiaridad. También pueden estar cimentadas en el compartir de una tarea, compartir una causa o compartir una vida entera. Cada tipo de amistad tiene sus propias costumbres, sus propias leyes y sus propias expectativas.

Después del primer año, los estudiantes universitarios no hacen muchas preguntas acerca de cómo ganar amigos, casi todo el mundo sabe algo al respecto. Con unas pocas excepciones, los estudiantes más solitarios no están solos porque no saben cómo decir: "Hola, soy Eric", lo están por otras razones. Podrían estar solos porque se hacen amigos de las personas equivocadas, porque buscan amigos en lugares equivocados, porque esperan que otros se hagan amigos *de ellos* o incluso debido a que basan su vida en filosofías vacías.

Un gran problema para muchos estudiantes, y uno sobre el cual hacen muchas preguntas, son las tensiones y los problemas con los amigos que ya tienen. La tensión puede surgir cuando un amigo desea una relación cercana, mientras que el otro quiere mantener la distancia. Es aún más difícil cuando un amigo desea un *tipo* diferente de amistad que el otro no quiere. Eso es muy común cuando los amigos son del sexo opuesto. Por ejemplo, Anna ve a Derek como un " amigo solamente" pero Derek ve a Anna como una "novia". Cuando los amigos no pueden ponerse de acuerdo sobre qué tipo de amistad tienen, a veces no pueden mantener una amistad.

Las amistades se forman y se deshacen más fácilmente cuando uno es joven que en otra etapa de la vida, por lo que vamos a hablar de rupturas un poco más. Hemos visto dos razones por las cuales los amigos rompen la relación, ¿cuáles son algunas otras causas? Uno de los motivos es que los amigos cambian tanto que ya no tienen nada en común; cuando la gente va a la universidad se producen grandes cambios. Quizás se vea un cambio para peor y se rompe la amistad: Es posible que tengas que dejar de ver a Allison porque ella se involucró con las drogas. Sin embargo, un cambio para bien puede tener el mismo resultado: Allison deja de ser tu amiga porque no consumes drogas con ella.

Las amistades también se terminan aunque ni tú ni tu amigo hayan cambiado, cuando llegas a conocerlo mejor y descubres que él no es la persona que creías que era. Al principio, pensaste que Chad era un chico honesto pero entonces, él cargó tu factura telefónica con llamadas de larga distancia y te pagó con un cheque falso. También puede suceder que las diferencias que no parecían importantes para ninguno de los dos al comienzo sean desfavorables para ti o para ambos.

En un primer momento, a Melissa no le importaba que no dejaras de ir la iglesia para hacer cosas con ella pero ahora sí le molesta; al principio, no te importaba que ella hiciera chistes sobre tus amigos de la iglesia pero ahora sí te molesta.

Con paciencia y honestidad a veces las diferencias de este tipo pueden resolverse pero otras veces no. En general, es mucho más fácil tratar con este tipo de cosas entre los amigos que son de Cristo porque entonces tienen la ayuda del Espíritu Santo y de otros creyentes.

En una carta dirigida a los jóvenes de la iglesia en Filipos, Pablo no solo le pide a dos amigas, Evodia y Síntique, que se lleven bien sino que también le pide a la persona que lee la carta que las ayude a hacer las paces ya que han sido compañeras muy fieles en el evangelio (Filipenses 4:2-3).

Otra de las razones por las cuales es posible que dejes tu amistad con alguien es que te das cuenta de que tu amigo no es bueno para ti. Esto es muy probable si esa persona no es un cristiano. En el capítulo 4 analizaremos esta situación. Tal vez esperabas tener una buena influencia en Lindsey pero en su lugar descubres que ella está teniendo una mala influencia sobre ti. Tu lenguaje es cada vez más grosero, tus chistes son cada vez más vulgares y tu imaginación se está contaminando. Has estado haciendo cosas que te hacen sentir incómodo y cada vez más y más a menudo te sorprendes de ti mismo.

Al inicio de la amistad, no reconociste el peligro, pero, con el tiempo, descubriste que no solamente no puedes ser tentado, sino que también que has sido tentado; y no solo que has sido tentado, sin que también has estado cediendo en un sin fin de pequeñas cosas. Finalmente, te das cuenta de que la única manera de no seguir cediendo es salir de ahí.

Puedes minimizar el riesgo al escoger tus amigos con prudencia y buscarlos en los lugares correctos, como en los grupos de comunión cristiana; sin embargo, no puedes reducir el riesgo a cero. A veces hay que terminar la relación.

La ruptura confunde a muchos jóvenes cristianos porque la vida social cristiana se basa en el amor y ¿no se supone que el amor es para siempre? Esto depende de lo que entendamos por amor. Nuestro lenguaje llama a muchas cosas "amor" pero no todas esas cosas son la clase de amor de la que habla la Biblia. Los únicos amores que son para siempre son: El amor de Dios por su pueblo, el amor de su pueblo por Él y el amor fraternal del pueblo, de unos con otros. Los demás amores son menos significantes y no duran para siempre; sin embargo, pueden ser para toda la vida, como la unión de un hombre y una mujer cristiana en el matrimonio, que aunque no prometen ser marido y mujer por la eternidad, lo hacen hasta que la muerte los separe. Pero aparte de estos amores, la mayoría de las relaciones no son así. No se supone que los amigos deban divertirse mutuamente hasta la muerte, los socios comerciales no tienen que disfrutar de sus relaciones comerciales hasta la muerte y a ti no te tienen que gustar los mismos compañeros de dormitorio universitario hasta la muerte. No es un pecado que ya no le *gusten* a uno.

Con respecto a esta clase de vínculos, que no son eternos, la conclusión es que se puede dejar de tener ese amor de amigo especial por una persona pero hay que seguir teniendo el amor al prójimo. Incluso si la relación termina, tú tienes que ser honesto, justo y amable, y continuar deseando lo bueno para tu ex amigo y nunca debes procurar la venganza, la difusión de chismes o guardarle rencor. Incluso, ¡si la otra persona actúa como una rata! Sí, ¡aunque difunda chismes acerca de ti! Mientras piensas en eso, recuerda que de acuerdo a las normas de Dios, tú también eres bastante imperfecto. Todos lo somos. Es por eso que necesitamos al Salvador.

LAS CITAS Y EL MATRIMONIO

Aquí es donde mis lectores que son estudiantes se dividirán. Algunos de ustedes estarán aliviados porque daré respuestas simples a las preguntas que muchos autores rehúsan abordar; otros estudiantes se molestarán porque no les va a gustar las respuestas que doy.

Las cuatro preguntas que hacen frecuentemente los jóvenes cristianos acerca de las citas amorosas son: "¿Con quién puedo tener citas?", "¿con quién me puedo casar?", "¿qué puedo hacer?" y "¿hasta dónde puedo llegar?" Veamos cada una de las preguntas.

La respuesta a: "¿con quién puedo tener citas?" tiene dos partes: (1) Se puede tener citas con cualquiera que esté bien para casarse y (2) no se puede tener citas con nadie que no sea aceptable para casarse. ¿Por qué estas reglas? Debido a que salir con alguien y tener citas se relaciona con el matrimonio. No es una búsqueda de diversión o una búsqueda de relaciones sexuales, es una búsqueda de una compañera o compañero adecuado para el matrimonio. Los hombres y las mujeres fueron diseñados para vivir en el vínculo del matrimonio y no para estar saliendo y teniendo citas amorosas. Si solamente deseas socializar sin excluir a los miembros del otro sexo y sin la intención de contraer matrimonio, está bien, pero es mejor hacerlo en grupos. Acéptalo, cuando un chico sale con una chica, simplemente no es lo mismo que cuando se sale con otro hombre, ni siquiera cuando ambos insisten en que "no es una cita". En algunas sociedades no hay citas en lo absoluto y ¿adivina qué? Siempre que los cónyuges sean adecuados y los matrimonios sean fieles, a Dios no le importa. David y Abigail se reunieron por su cuenta pero Isaac y Rebeca fueron reunidos por sus familias. Aunque cada matrimonio se produjo de una manera diferente, ambos eran agradables a Dios.

La respuesta a la pregunta "¿con quién me puedo casar?" tiene tres partes: (1) Tú tienes que casarte con un cristiano; (2) tienes que casarte con una persona que va a hacer un buen cónyuge; y (3) tienes que casarte con una persona que va a hacer un buen padre o madre.

Ya sé lo que te estás preguntando acerca de la primera parte: "¿No puede uno tener un buen matrimonio con alguien que no sigue a Cristo?" La respuesta es no. Eso no sería lo que Dios llama un buen matrimonio. "No os unáis en yugo desigual con los incrédulos," dice Pablo en la Biblia, "porque ¿qué compañerismo tiene la justicia con la injusticia?" (2 Corintios 6:14) Estas palabras pueden darte una sacudida eléctrica y quizás te preguntarás: ¿En realidad somos tan justos? ¿Son todos los demás más malos de lo que somos nosotros?, ¿no es cierto que Pablo dijo en otra parte que *todos* han pecado y están destituidos de la gloria de Dios? Sí, por supuesto que sí lo dijo (lee Romanos 3:23). Entonces, cuando Pablo dice esto en 2 Corintios, ¿cambió de opinión? De ningún modo. Él no quiere decir que *tú eres* justo y que el incrédulo es malo, lo que quiere decir es que tú te has aferrado a la justicia de *Cristo* y el incrédulo no. Cristo se ofrece a sí mismo como una ofrenda por el pecado del no creyente también, pero él no creyente se niega a aceptarlo. Por lo tanto, en lo que más importa, tanto el creyente y el no creyente, ambos, están divididos trágicamente. ¡Al matrimonio no se le puede poner un parche sobre esa división! Si se casan, siempre va a haber como un abismo entre ambos y cuanto más crezca el cónyuge creyente en el amor de Cristo, más ancho y profundo se hará ese abismo. No creas ni pienses que puedes casarte con alguien ahora y convertirlo más tarde. ¡No cuentes con eso! porque el matrimonio en sí comenzó con tu desobediencia a Dios.

La segunda parte de la pregunta "¿con quién me puedo casar?" Tú tienes que casarse con una persona que va a ser un buen compañero. Parece fácil pero la parte difícil es seguir la idea de Dios de lo que es un buen cónyuge, no la tuya propia. Pablo compara la relación entre los cónyuges con la relación entre Cristo y la iglesia (Efesios 5:22-33). Cristo se dio a sí mismo por la iglesia y la iglesia sigue a Cristo como su cabeza, de la misma manera, el marido debe darse a sí mismo por su mujer y la mujer debe seguir a su marido como su cabeza. Esta comparación fue impactante cuando Pablo la escribió por primera vez porque iba en contra de la idea de la supremacía masculina y que la mujer es solo una sirviente. Pero es igual de impactante hoy, porque va en contra de la idea feminista de que no haya nadie en autoridad. Si tú eres una mujer, pregúntate: ¿El hombre que tengo en mente es capaz de dar su vida por mí y es alguien a quien yo pueda seguir como cabeza? Si eres un hombre, pregúntate lo siguiente: *¿La mujer que tengo en mente es capaz de aceptar mi dirección y es alguien por quien me puedo entregar a mí mismo?*

La respuesta a la tercera parte de la pregunta "¿con quién me puedo casar?", es que tienes que casarse con alguien que va a hacer un buen padre o madre. Muchos jóvenes cristianos se plantean: "¿Y si tenemos la intención de no tener hijos?" Lo siento, pero a menos que seas biológicamente incapaz, no tener hijos no es una opción. Dios ordena a los cónyuges que sean fecundos y se multipliquen (lee Génesis 9:7). Es uno de los fines del matrimonio, es una de las formas que glorifica a Dios. Así que si tú eres un hombre, necesitas buscar una mujer que pueda ser una buena madre y si tú eres una mujer, es necesario buscar a un hombre que pueda ser un buen padre. Esta ha sido la enseñanza ininterrumpida de la fe cristiana durante veinte siglos pero si quieres discutir conmigo, ¡no eres el único! Revisa mi artículos "Not Having Babies, Not an Option, [No tener bebés, no es una opción] en http://www.boundless.org/2005/articles/a0000196.cfm, y "What About Overpopulation?" [¿Y qué pasa con la sobrepoblación?] en http://www.boundless.org/ 2005/articles/ a0000228.cfm. [página en inglés]

La respuesta a la pregunta "¿qué puedo hacer yo?" tiene dos partes: (1) Durante una cita tú puedes hacer cualquier cosa que sea pura y agradable a Dios y (2) debes ser realista acerca de las tentaciones. Voy a arriesgarme al asumir que no necesito decir mucho acerca de la primera parte. *¿De verdad* piensas que la película de clasificación R (Prohibida para menores: las que pueden incluir temas para adultos, actividades de adultos, lenguaje vulgar, violencia intensa o insistente, desnudez dirigida a la sexualidad, abuso de drogas, etc.) es pura y agradable a Dios? Debemos detenernos en la segunda parte ya que necesitamos hablar al respecto, porque es exactamente cuando estamos siendo tentados que nos resulta más difícil ser realistas acerca de lo que está pasando. Déjame darte un ejemplo:

Según las investigaciones, entre más horas pasen solos un hombre y una mujer, *incluso si comienzan con una intención firme de mantener la castidad*, más se tiende a avanzar y es mucho más probable que se pierda el control por completo. Al oír esto, la mayoría de los jóvenes cristianos tienen el buen juicio de ver que las parejas que realmente quieren permanecer castas necesitan limitar su tiempo a solas, eso es realismo. Por desgracia, cuanto más tiempo pasan a solas, les es menos evidente dicho realismo. La solución es que necesitan establecer los límites con firmeza al *principio* de la relación, cuando tienen la cabeza todavía clara y es más fácil alcanzar el realismo.

Por último, la respuesta a la pregunta "¿cuán lejos puedo llegar?" consta de tres partes: (1) No se puede tener relaciones sexuales, (2) No se puede hacer nada parecido a la relación sexual y (3) No se puede hacer todo lo que pone en marcha el motor para tener relaciones sexuales.

Ya he escrito un capítulo entero sobre la primera parte. El punto de la segunda parte es responder a preguntas como: "¿El sexo oral cuenta como tener relaciones sexuales?", "¿Tocarse todo el cuerpo con la ropa puesta cuenta como tener relaciones sexuales?" y "¿y si usamos solo nuestras manos?" Vamos, no te engañes, tú conoces las respuestas. Hacer de cuenta que no estás teniendo relaciones sexuales simplemente porque no hay penetración vaginal es como hacer de cuenta que no estás desnudo, solo porque tus ojos están cerrados.

Ahora pasemos a la tercera parte. Ya sabes lo que quiero decir con poner el motor en marcha, ¿verdad? Me refiero a hacer las cosas que te despiertan sexualmente. Dios inventó la excitación sexual pero ¿con qué propósito? *Para preparar los cuerpos para tener relaciones sexuales*. La excitación sexual es *para* dar lugar a las relaciones sexuales. No digas: "Vamos a hacer cosas que nos despiertan sexualmente pero no vamos a dejar que nos lleven a tener 'sexo'." Eso es como encender los motores de un poderoso cohete de gran alcance y decir: "No despegues". Entonces, ¿cuál es la solución? ¡Evita las cosas que te excitan! Si el sexo es solo para el matrimonio, la excitación sexual también lo debe ser.

Una gran razón por la cual a muchos estudiantes cristianos le cuesta la abstinencia es porque saben las reglas pero no tienen la visión. Tu objetivo no es solo evitar algo malo sino que también es lograr algo bello y digno de ser amado. Dios lo llama "pureza". La *mera* abstinencia puede ser insípida pero los puros de corazón verán a Dios (lee Mateo 5:8). A través de los siglos, muchos cristianos han llamado incluso la pureza como algo "emocionante" así como el agua clara de la montaña que brilla en el sol. No la rechaces sin haberla probado.

CLUBES Y ACTIVIDADES

Una de las mejores cosas de la universidad es que hay muchas actividades y grupos divertidos e interesantes, a los que vale la pena unirse. Hay bandas de jazz, ligas deportivas, y grupos de actuación. También hay sociedades de canto, hermandades de servicios y equipos de debate. A todas estas se les suman las comunidades religiosas, partidos políticos y asociaciones para determinadas profesiones. Solo en el predio de mi universidad hay más de seiscientos grupos de estudiantes, con otros nuevos que se forman todas las semanas. Todas las paredes, troncos de árboles y tableros de anuncios están cubiertos con sus carteles. Un día de estos, escuché a un grupo de canto de estudiantes que se presentaron en forma gratuita en la zona del comedor que está al aire libre, justo al frente del sindicato de estudiantes. Presentaron música fantástica, sin instrumentos y una armonía perfecta. La universidad es así.

Muchos jóvenes cristianos toman ventaja de estas oportunidades y eso es bueno. Pero, naturalmente, se debe evitar algunos grupos y actividades. Las directrices son sencillas: Evita cualquier club o pasatiempo que tiende a corromper y debilitar tu fe o conduce a tentaciones innecesarias. Por ejemplo, parece que algunas fraternidades existen para el sexo y parece que algunas hermandades existen para emborracharse. Sin embargo, hay un montón de buenos clubes y actividades que quedan. Si no estás involucrado en alguna de las organizaciones estudiantiles realmente te estás perdiendo de algo muy bueno.

Lo más sorprendente es que no todos los estudiantes cristianos se involucran en la adoración y la comunión cristiana. El reunirse con otros creyentes para glorificar a Dios, para edificarse el uno al otro en Cristo y de llevar a cabo actos de misericordia hacia las personas necesitadas no es solo una de las opciones en el menú: "¿Debo unirme al club de ajedrez o en su lugar debería unirme a una comunidad cristiana?" La comunidad es necesaria para tu relación con Cristo. También es el mejor lugar para formar amistades gratificantes y encontrar una persona adecuada para casarse. Como dice la Biblia: " Y considerémonos unos a otros para estimularnos al amor y a las buenas obras; no dejando de congregarnos, como algunos tienen por costumbre, sino exhortándonos..." (Hebreos 10:24-25) Hablaremos más sobre la vida religiosa en la universidad en el capítulo siguiente, así que vamos a dejar el tema por ahora.

RECORDATORIOS

Hemos tocado varios temas, así que vamos a resumir lo que hemos visto en este capítulo.

La vida cristiana es estar enamorado de Dios y la vida social cristiana se trata de dejar que ese amor se manifieste en nuestras relaciones con otras personas. La amistad es una maravillosa oportunidad para compartir el amor de Dios pero en las amistades a veces hay rupturas, incluso entre los cristianos. Si esto sucede, puedes dejar de lado ese amor de amigo especial pero tienes que permanecer tratando a tu antiguo amigo con el amor que corresponde al prójimo. Quizás algún día podrías renovar la amistad de manera más profunda.

Las amistades con las que tienes citas amorosas son únicas ya que tienen como propósito encontrar a alguien adecuado para el matrimonio. Esto hace que cosas como con quién salimos y cómo salimos sean mucho más importantes de lo que son para los no cristianos. Por ejemplo, ya que el casarse con no creyentes está fuera de los límites, estar saliendo con ellos en citas amorosas también está fuera del límite.

Por último, no dudes en tomar ventaja de las ricas oportunidades que ofrece la universidad para unirte a grupos y actividades interesantes. Solo recuerda evitar cualquier riesgo que te pueda corromper, comprometer tus creencias cristianas o arrastrarte hacia abajo, y asegúrate de incluirte en un grupo al que puedas unirte en la adoración cristiana, el compañerismo y los actos de misericordia.

CÓMO ENFRENTAR LA VIDA RELIGIOSA EN LA UNIVERSIDAD

9

NO EXISTE TAL COSA

Un día, un estudiante graduado me visitó para contarme que había estado haciendo algo que nunca antes había hecho, estaba pensando en Dios. Después de decirme eso me preguntó: "¿Usted cree que estoy loco?"

Le aseguré que no estaba loco, entonces me contó su historia. Dijo que había estado leyendo y leyendo todos sus libros ultramodernos y que ninguno de los autores mencionaba algo acerca de Dios y por último se le ocurrió que dichos "escritores construyen sus teorías sobre la nada".

Con el tiempo se convirtió en un seguidor de Jesús, pero por alguna razón se negó a reunirse para adorar o tener comunión con otros creyentes y les decía a los compañeros que querían animarle en su nueva relación con Dios: "No necesito la iglesia para ser cristiano, puedo ser un cristiano por mí mismo." Pero eso no es cierto. La realidad demostró que a medida que pasaban los meses, sus amigos lo vieron irse cada vez más a la deriva, alejándose de Cristo, y la aventura de la fe se esfumaba.

No existe el "cristiano solitario".

La universidad puede ser un momento decisivo en tu andar con Dios, un momento donde la relación con Cristo se profundiza o se debilita. Para la mayoría de los jóvenes cristianos la dirección que seguirán dependerá si permanecen en una comunión cercana y constante con sus hermanos y hermanas en la fe.

¿QUÉ ES LO QUE SUCEDE?

¿Qué es lo que pasa en la comunión cristiana? Muchas cosas, por eso vamos a mencionarlas de a una a la vez.

Lo primero es la *adoración*. La adoración es expresarle a Dios nuestro amor y alabanza. Algunas veces adoramos al exclamar con alegría y otras veces lo hacemos en silencio. La cuestión aquí es que adoramos porque es natural. Cuando ves algo maravilloso deseas compartirlo y hacérselo saber a los demás. Cuando estás enamorado deseas hablar del amor y cuando estás con Dios deseas adorarlo a Él.

Si no podemos alabar al que es digno de alabanza, entonces algo que está mal. Por eso el salmista escribió:

> "Cuando me acuerde de ti en mi lecho,
> Cuando medite en ti en las vigilias de la noche.
> Porque has sido mi socorro,
> Y así en la sombra de tus alas me regocijaré.
> Está mi alma apegada a ti;
> Tu diestra me ha sostenido". (Salmo 63:6-8)

La última razón para adorar es que Dios así lo establece. Él conoce nuestras necesidades y si dice que necesitamos adorar, entonces tenemos que hacerlo. También Pablo escribió: "... sed llenos del Espíritu, hablando entre vosotros con salmos, con himnos y cánticos espirituales, cantando y alabando al Señor en vuestros corazones;

dando siempre gracias por todo al Dios y Padre, en el nombre de nuestro Señor Jesucristo". (Efesios 5:18-20)

El segundo aspecto de la comunión es *la oración en grupo*. Se han dicho y escrito muchas tonterías acerca de la oración. Un escritor dice que tener un tiempo tranquilo con una taza de café y mirando por la ventana es oración. Eso podría ser bueno pero no es oración. La oración es una conversación del ser humano con el Dios vivo, que incluye alabanza, darle gracias, confesar el pecado, exteriorizar las peticiones que tenemos por nosotros y los demás, además de escucharlo a Él.

Todo el mundo necesita tener un tiempo a diario de oración de manera privada y tranquila con Dios. También necesitan pasar regularmente tiempo en oración con Dios junto a un grupo de personas. ¿Por qué? Porque no somos individuos solitarios, Dios nos ha hecho miembros del cuerpo de Cristo. Más adelante, en este mismo capítulo, diré más al respecto.

La tercera razón para la fraternidad cristiana es el *aprendizaje*. El salmista le dice a Dios: "¿Cómo puede el joven llevar una vida íntegra? Viviendo conforme a tu Palabra". (Salmo 119:9, NVI) Otro pasaje dice lo que te sucederá si adoras a Dios: "Cuando la sabiduría entrare en tu corazón, y la ciencia fuere grata a tu alma, la discreción te guardará; Te preservará la inteligencia". (Proverbios 2:10-11) Con palabras como éstas la Biblia nos anima a aprender la sabiduría de Dios, por eso nos reunimos para estudiarla.

La cuarta razón es el ánimo y el apoyo. La comunión cristiana es como una familia en la que podemos llevar las cargas y necesidades de los unos y los otros. Aquellos que tienen más experiencia modelan a Cristo para aquellos que no tienen tanto tiempo en la fe. Debido a que nos conocemos bien unos a otros, también podemos fortalecernos unos a otros y hacer sonar la alarma sobre el pecado, ayudarnos unos a otros para confesarle a Dios lo que hemos hecho y ponernos de pie de nuevo.

El último punto es el *compromiso con la comunidad*. El término compromiso conlleva dos significados: el evangelismo y la misericordia. El evangelismo es compartir con los demás las Buenas Nuevas de Jesucristo, por otro lado, la misericordia consiste en mostrarles esas buenas nuevas con hechos. Ambos son mandatos de Dios y ambos son más eficaces cuando los cristianos cooperan. Un ejemplo de evangelismo cooperativo podría ser el patrocinar un debate entre un cristiano y un ateo, e invitar a los amigos no creyentes a asistir. Un ejemplo de misericordia cooperativa podría ser organizar visitas a los enfermos y a los ancianos en los asilos. Podemos invitar a las personas y los amigos que no son creyentes para que sean parte de estos proyectos de misericordia también. Al animarlos, nuestros amigo dan de sí mismos, y esto produce un acercamiento al abrir sus corazones a Cristo.

En este capítulo también me concentro en los grupos *estudiantiles* cristianos, que en mi opinión son cruciales, pero no quiero dar la impresión de que si estás en un grupo de estudiantes cristianos tienes todo el compañerismo cristiano que necesitas. También necesitas estar en una iglesia "de verdad". Casi puedo escucharte decir: "¡Pero prefiero estar con gente como yo!" De eso se trata: A *todos* nos gustaría estar con gente como nosotros, sin embargo, ese es un impulso egoísta que Cristo quiere ayudarnos a superar.

Un grupo de estudiantes cristianos es como un club pero una iglesia es más como un pueblo. La iglesia tiene personas mayores y jóvenes, conocedores e ingenuos, gente con la que es fácil llevarse bien y personas difíciles de tratar. ¡Aprender a amar a todas esas personas es el tipo de práctica que tú necesitas! Así que busca una buena comunidad de estudiantes pero también procura tener una buena iglesia. En este capítulo encontrarás que la mayor parte de los consejos que se dan para buscar una buena comunidad de estudiantes también se aplican a la búsqueda de buenas iglesias.

QUÉ HAY QUE BUSCAR

No encontrarás la perfección hasta que llegues al cielo. Sin embargo, algunas hermandades cristianas en el predio de la universidad están más en sintonía con Jesús que otras, así que aquí tienes una breve lista de cosas a tener en cuenta cuando estés en el predio de la universidad el predio de la universidad.

Busca una comunidad que reconozca abiertamente a Jesucristo como Señor y Salvador. Los miembros deben ser sinceros acerca de su lealtad. Jesús dijo: "A cualquiera que me reconozca delante de los demás, yo también lo reconoceré delante de mi Padre que está en el cielo. Pero a cualquiera que me desconozca delante de los demás, yo también lo desconoceré delante de mi Padre que está en el cielo." (Mateo 10:32-33, NVI)

Busca una comunidad que acepta la Biblia como la verdadera y fidedigna Palabra de Dios para el hombre. Si la Biblia enseña algo, los miembros deben creerlo. Si la Biblia ordena algo, los miembros deben tratar de hacerlo.

Busca una comunidad cristiana que comprenda que estamos bien con Dios por la fe en Cristo, no por nuestras propias buenas acciones. Nosotros mismos no podemos ganarnos la entrada al cielo, solo la justicia de Cristo es lo suficientemente pura. Somos reconciliados con Dios no por hacer buenas acciones sino para hacer el bien.

Busca una comunidad que lleve a los miembros a tener normas altas y claras de conducta moral. Por supuesto que todos pecamos pero debemos ayudarnos mutuamente a no pecar. Ciertamente, debemos perdonar a los que se arrepienten de sus malas acciones, sin embargo, no debemos actuar como si no importara hacer el mal. Como Dios le dijo al pueblo de Israel: "Sean santos, porque yo, el Señor su Dios, soy santo". (Levítico 19:2)

Busca una comunidad cuyos miembros no son peleoneros ni murmuradores sino que tienen el amor sacrificial por los demás. Y Jesús nos dice:

"Un mandamiento nuevo os doy: Que os améis unos a otros; como yo os he amado, que también os améis unos a otros. En esto conocerán todos que sois mis discípulos, si tuviereis amor los unos con los otros" (Juan 13:34-35)

Busca una comunidad con buen equilibrio. La vida del grupo debe ser equilibrada y también debe haber adoración, oración, aprendizaje, ánimo, apoyo y llegar a los demás. Se debe trabajar tanto en el fortalecimiento de los miembros antiguos como en atraer nuevos seguidores a Jesús. Debe haber respeto mutuo y buena comunicación entre el liderazgo y el resto del grupo.

Por último, busca un grupo que te desafíe a crecer en la madurez cristiana. Sé parte de un grupo cuyos miembros estén creciendo en Cristo, con la ayuda del Espíritu Santo, más y más cada día, poniendo su confianza en Jesús y siendo fieles al Señor.[28]

QUÉ ES LO QUE HAY QUE EVITAR

No todas las hermandades cristianas que están en la universidad viven por el nombre de Cristo. A veces la etiqueta de "cristiano" se utiliza incluso por grupos que no tienen nada que ver con la fe cristiana histórica. Por estas dos razones, es necesario tener cuidado al elegir una comunidad.

He aquí una lista de las cosas que debes evitar.

Evita los grupos que rechazan o tergiversan la Biblia. Rechazar la Biblia significa que niegan su verdad o su autoridad, por ejemplo, cuando diciendo que era "solo un producto de su época". Tergiversar o torcer significa el uso de interpretaciones distorsionadas para tratar de escapar de lo que realmente dice, por ejemplo, diciendo que el "nuevo nacimiento" es acerca de la reencarnación en lugar de convertirse en una nueva persona en Cristo.

Evita los grupos que degradan o minimizan la Biblia. Degradar la Biblia significa no tomarla en serio, o escoger y elegir qué partes a seguir.

Por ejemplo, considerar la Biblia tan solo como una de las muchas revelaciones, así como poner *El libro de Urantia* o el *Libro de Mormón* u otro texto religioso a la par de la Biblia.

Evita los grupos que tratan las experiencias exóticas o emocionales como la principal característica de la vida cristiana. Dios le promete a todos los cristianos que les dará el don de su Espíritu Santo pero no promete que todo cristiano vaya a tener experiencias espirituales "especiales". De hecho, la Biblia enseña y que dice: "Sométanlo todo a prueba, aférrense a lo bueno" (1 Tesalonicenses 5:21, NVI) para asegurarse de que realmente viene de Dios.

Evita los grupos que idolatran a sus líderes humanos. El liderazgo es necesario, pero los líderes cristianos están para liderar por medio del servicio a otros (lee Juan 13:1-17). Una comunidad cristiana saludable se centra en el Dios trino, no en las personalidades de las personas a cargo.

Evita los grupos que intentan separarte de tu familia. Si te conviertes en un cristiano pero tu familia se opone, es cierto que se puede esperar tensión. Sin embargo, una comunión cristiana sana te anima a modelar el amor y la paciencia de Cristo a tu familia, en lugar de entorpecer o destruir tus relaciones con los miembros de la familia.

Evita los grupos que tratan de mezclar el cristianismo con otras religiones. Algunas religiones enseñan que hay muchos caminos a Dios y que Jesús es solo uno de ellos. Jesús mismo enseñó lo contrario, diciendo: "Yo soy el camino, la verdad y la vida; nadie viene al Padre, sino por mí." (Juan 14: 6)

Evita los grupos que tratan de mezclar el cristianismo con las prácticas ocultistas. Algunos ejemplos de las prácticas ocultistas son el tratar de comunicarse con los espíritus en vez de con Dios, tratar de inducir estados mentales anormales y predecir el futuro. La Biblia llama a este tipo de prácticas "brujería" y advierte contra ellas en los términos más enérgicos posibles (lee Deuteronomio 18:9-14; Gálatas 5:19-21).

Una serie de libros conocidos ofrece información sobre los cultos engañosos que tratan de hacerse pasar como verdad. A menudo, no están de acuerdo acerca de las cuestiones planteadas en la Reforma, pero sí están de acuerdo en la defensa de los fundamentos cristianos como indica, por ejemplo, en el *Credo Niceno*.

NO HAY QUE PREOCUPARSE

A veces los estudiantes cristianos pasan por alto a comunidades perfectamente buenas por razones superficiales. A continuación hay ejemplos de cosas por la cuales no deberías preocuparte, cosas que podrían parecer importantes pero en realidad no lo son.

No te preocupes solo porque se necesita un tiempo para encajar. Tú no te sentirás cómodo en la primera o segunda visita. Date un tiempo y no esperes hasta que te sientas completamente cómodo antes de participar; cuanto mayor sea tu nivel de participación, más rápidamente te sentirás cómodo.

No te preocupes solo porque no sientes cariño por cada miembro. Los miembros de una comunidad cristiana deben tener amor fraternal los unos por los otros pero, incluso entre los cristianos, es inevitable que algunas personas te caigan mejor que otras. De todos modos, el hecho de que te agraden no es lo mismo que amar. El sentir agrado por alguien es un sentimiento de afecto por otra persona, no obstante, el amor cristiano es un compromiso con el verdadero bien de la otra persona. Tú debes tratar de que te agraden las personas, ya que hace más fácil el amor, pero no tienes que hacer "clic", ni sentirte conectado con todo el mundo.

No te preocupes solo porque el grupo hace cosas de una manera un poco diferente a lo que a ti gusta. Tal vez el grupo no canta tus canciones cristianas favoritas o tal vez adora en un estilo ligeramente diferente al que estás acostumbrado. Probablemente puedes acostumbrarte a pequeñas diferencias como esas. De hecho, tus preferencias acerca de esas cosas pueden incluso cambiar. Lo más importante es que la vida del grupo se base en la Palabra de Dios y la roca sólida, que es Cristo.

No te preocupes solo porque no todo el mundo en el grupo tiene el mismo nivel de compromiso y comprensión. Algunas personas pueden estar firmes en la fe y otras pueden estar tambaleantes, algunos pueden saber mucho acerca de la Biblia y otros saben muy poco. Eso es normal, lo importante es que la gente en el liderazgo tenga una fe y comprensión fuerte y que además, en medio del grupo los miembros más fuertes ayuden a los más débiles en el camino.

No te preocupes si otras personas creen que el grupo no es genial. Nosotros, los cristianos, somos los no conformistas de hoy. Naturalmente, los conformistas no creen que somos "cool", pero cuanto más piensas en las cosas que son consideradas "cool", más difícil es sentir algún tipo de atracción por ellas. Piensa en esto: ¿Qué es lo "cool" de tener relaciones sexuales irrelevantes? ¿Qué es lo maravilloso de emborracharse? ¿Qué tiene de estupendo arruinar tu cerebro con las drogas?

A continuación vamos a reflexionar sobre las cosas que no tienen importancia, pero que vemos en el predio de la universidad donde existen docenas de comunidades cristianas, de todo tipo. *Si con tantas opciones todavía no puedes encontrar algún grupo al cuál estés dispuesto a unirte, lo que necesitas es empezar a preguntarte si el problema lo tienes tú y no ellos.* Es posible que no estés buscando seriamente. Entonces, ¿por qué no buscas en serio? Hay mil razones para no hacerlo, por ejemplo, quizás siempre te has considerado a ti mismo como un cristiano pero nunca te has entregado a Cristo de verdad. Tal vez has hecho algo malo y eso perturba tu conciencia, entonces estás buscando una excusa para perder tu fe, de esa manera no tendrías que pensar en lo que has hecho. Tal vez eres espiritualmente arrogante o tal vez eres perezoso.

¿Te estoy haciendo enojar? Si es así, esa es una fuerte señal de que necesitas orar sobre el asunto. Pídele a Dios que ponga un espejo delante de ti para que puedas mirarte. Arrepiéntete si es necesario, luego pídele a Dios que te ayude a encontrar a los cristianos con los que Él quiere que estés.

EL CUERPO DE CRISTO

La Biblia dice dos cosas maravillosas acerca de la comunión cristiana. La primera se refiere a la iglesia y la segunda trata acerca de ti como miembro de la iglesia.

Mira, la iglesia no es un edificio y ni siquiera es solo un grupo de personas. Es mucho más que eso. La iglesia, todos los que están unidos en Cristo, es el cuerpo de Cristo. Cristo es la cabeza. Y tú, como miembro, eres una parte de su cuerpo (lee 1 Corintios 12:12-27).

¿Qué es un cuerpo? Es la forma física que nos permite actuar en el mundo. La cabeza dirige y el cuerpo hace lo que la cabeza ordena. El cerebro dirige los movimientos de tu cuerpo cuando tienes que agarrar algo con tus manos, o levantar los pies, caminar apresuradamente, hablar con la boca y escuchar con los oídos.

Cuando la Biblia dice que la iglesia es el cuerpo de Cristo, te está diciendo que en la actualidad, aquellos que están unidos en Cristo son personas a través de las cuales *Jesús* actúa en el mundo. Dichas personas son forma que Él hace las cosas, su manera de hacer que su voluntad divina se cumpla.

Las manos, los pies, las piernas y todos los otros miembros del cuerpo, dependen los unos de los otros y todas estas partes tienen tareas para el bien del grupo. Tú también tienes tareas de las cuáles debes ocuparte.

¿Qué es lo que Cristo quiere hacer en el mundo? Él les dijo a sus discípulos que quiere hacer al mundo suyo. Él les dio instrucciones de ir y hacer discípulos a todas las naciones. ¿Incluye esto el presente? Por supuesto que sí. ¿Eso abarca facultades y universidades? Por supuesto que sí. ¿Son estas facultades y universidades paganas? Por lo general, sí. Pero ¿y qué? Un pagano es solo alguien que todavía no es cristiano. Cristo está utilizando su cuerpo para llegar a nuestras facultades y universidades paganas y así atraerlas sí mismo. Él quiere que seas parte del proyecto. Si tú eres un miembro de su cuerpo, entonces ¡sé un miembro! ¡Entrégate y sé parte! Este es el mayor privilegio en la tierra. Busca tu función en el cuerpo de Cristo y ponte en marcha.

10

CÓMO HACERLE FRENTE A LA CLASE

RAYOS DE LUZ

En el primer capítulo te dije que hay un punto donde ya no puedes retroceder ni virar. Cuando Jesucristo llegó a mí, yo estaba casi en ese lugar. Para evitar enfrentarme cara a cara con Dios, yo había bloqueado en mi mente sentimientos y recuerdos hasta casi llegar a la memoria central. Los primeros años, posteriores a mi conversión, fueron como estar en un oscuro desván donde había estado durante mucho tiempo pero donde de pronto se corrieron las persianas, una tras otra, y rayos de luz se desplazaban para iluminar las esquinas polvorientas del lugar. Fue entonces que recuperé totalmente los, sentimientos y los recuerdos por completo, incluyendo la manera en que razonaba y cómo lo había bloqueado para no verlo a Él.[29]

Mi historia será diferente a la tuya, pero ilustra una verdad general. Si le preguntara a todos mis estudiantes cristianos: "¿Qué sucede cuando te conviertes en cristiano?", es muy probable la mayoría de ellos me daría respuestas como estas: "Tus pecados te son perdonados", desarrollas una relación personal con Jesucristo", "limpias el acta de decretos en contra tuya" ,"eres parte de la iglesia", "Dios comienza a cambiarte desde adentro", "comienzas a preocuparse más por las otras personas". Todas esas respuestas son verdaderas, sin embargo, hay una más que los estudiantes cristianos a veces pasan por alto: Cuando sometes tu vida a Cristo, *tu mente es renovada*.

No hablo solo de tus emociones, estoy hablando de que tu comportamiento y tus relación con Dios y otras personas cambia. Si cooperas con el Espíritu Santo, ¡recibes una mente completamente nueva! Pablo dice: "No os conforméis a este siglo, sino transformaos por medio de la renovación de vuestro entendimiento, para que comprobéis cuál sea la buena voluntad de Dios, agradable y perfecta". (Romanos 12:2)

DESARROLLA UNA MENTE CRISTIANA

¿Qué significa que tu mente sea renovada? Significa que su forma de pensar tiene un punto de partida completamente diferente al que tenía lejos de Cristo. La Biblia llama a este punto de partida una especie de temor: "El temor de Jehová es el principio de la sabiduría", dice Proverbios 9:10, "y el conocimiento del Santísimo es la inteligencia". Muchos estudiantes no les gusta hablar al respecto por que los hace sentir incómodos. Así que vamos a echar un vistazo a lo que realmente significa.

¿Qué tipo de temor es el temor del Señor? ¿Es el temor de que el Señor va a hacer algo terrible para ti en el día del juicio? No. Si tu le has dado a Jesús tu vida y no tienes pecados que tengas que arrepentirte, *ese* tipo de temor se ha ido para siempre, ha sido echado fuera por la confianza que viene del amor entre tú y Él (lee 1 Juan 4:15-18). La deuda de los pecados ha sido pagada y Él no va a condenarte. El pasaje Mateo 10:29-31 dice: "¿No se venden dos gorriones por una monedita? Sin embargo, ni uno de ellos caerá a tierra sin que lo permita el Padre; y él les tiene contados a ustedes aun los cabellos de la cabeza. Así que no tengan miedo; ustedes valen más que muchos gorriones." (NVI)

Pero Él sigue siendo Dios Santo y temblamos al estar en su presencia. Él no descansará hasta que haya hecho lo que sea necesario para que seamos santos también. Ahora seamos honestos, algunas de las cosas buenas que Él tiene destinadas para nosotros está tan lejos de lo que podemos imaginar que ni siquiera somos capaces de desearlas ¡todavía! El someterse al Señor en realidad es atemorizante pero de una manera maravillosa. No tememos a Dios porque Él sea malo, nos presentamos ante Él en absoluta reverencia, porque es tan bueno que da miedo.

Otra cosa que es tan buena que también puede dar temor es su Palabra. Echa un vistazo a lo que Hebreos 4:12 dice al respecto: "Porque la palabra de Dios es viva y eficaz, y más cortante que toda espada de dos filos; y penetra hasta partir el alma y el espíritu, las coyunturas y los tuétanos, y discierne los pensamientos y las intenciones del corazón". ¿Se puede decir lo mismo de cualquier otro libro? ¿Existe algún otro libro que te atraviese, te descubra y te exponga a ti delante de ti mismo? Y eso no es todo. A medida que estudias la Palabra en comunión con otros cristianos, Dios estará allí a su lado, te instruirá. Jesús habló al respecto en la última cena con sus discípulos. Él prometió enviar al Espíritu Santo para guiar a su pueblo a "toda la verdad". (Juan 16:13)

Si aprendes a temer a Dios en el sentido bíblico, el temor de Dios se extenderá través de todo tu pensamiento. Será una fuente de la vida (lee Proverbios 14:27), te hará sabio y te dará humildad (lee Proverbios 15:33). Vas a evitar el mal no solo por un sentido del deber, sino porque amas a Dios y no te gusta lo que Él odia (lee Proverbios 8:13). Lo reconocerás a Él en todas sus formas y él hará tus caminos rectos (lee Proverbios 3:6). Entonces lo amarás no solo con todo tu corazón, alma y fuerzas, sino también con toda tu *mente* (lee Lucas 10:27). *Eso es* lo que significa que tu mente sea renovada.

¡Podría ser una sorpresa para ti darte cuenta que Cristo esté tan interesado en tu intelecto! Pero, por supuesto, tus profesores también están interesados en tu intelecto y a veces eso provoca un estire y encoje.

PRACTICA EL DISCERNIMIENTO

El discernimiento es una virtud intelectual cristiana. Una virtud es una cualidad que se debe tener, como el amor, la valentía, la dulzura y la fidelidad. Una virtud "intelectual" es una virtud de la mente, como la sabiduría. Entonces, ¿qué tipo de virtud intelectual es el discernimiento? Para responder a esta pregunta, vamos a empezar con algo que ya conoces. Tú sabes que hay muchas cosas falsas que parecen verdaderas y muchas cosas malas que parecen buenas, ¿verdad? Pues bien, el discernimiento es lo que te ayuda a reconocer la diferencia entre ellas. Es lo que te ayuda a elegir lo verdadero y evitar lo falso, te ayuda a elegir el bien y a evitar el mal. El discernimiento es un sentido del olfato mental que te ayuda a que notes cuando "algo huele mal". A continuación te comparto algunos ejemplos.

Tu profesor de biología dice: "La ciencia muestra que el mundo está sin rumbo, sin propósito ni sentido." Entonces piensas: *Algo huele mal. ¿Cómo es posible que la ciencia pueda "mostrar" una cosa así? ¿Podría yo señalar un medidor de significado en la maravilla de la vida y ver la oscilación de la aguja en "vacío"?*

Tu profesor de física dice: "El universo material es todo lo que hay, todo lo que había y todo lo que alguna vez habrá." Entonces tú piensas: *Algo huele raro aquí. ¿No es que incluso los físicos dicen que el universo material tuvo un principio? Si tuvo un principio, ¿no hay algo que tiene que hacer que comience?*

Tu profesor de religiones del mundo dice: "La Biblia es patriarcal y sexista porque subordina las mujeres a los hombres." Y en ese momento piensas: *Aquí hay algo sospechoso. Yo sé que la Biblia llama al marido la cabeza de la mujer pero ¿no dice también que debe amarla y darse a sí mismo por ella como Cristo amó y se entregó por la iglesia, como el supremo sacrificio?*

Tu profesor de literatura dice: "Preguntar sobre qué es lo que el autor "quiere decir" por medio de su historia es un error. Nunca se puede saber lo que alguien realmente quiere decir; todo lo que puedes saber es lo que sus palabras significan para ti." Y ahí tú piensas: *Algo huele raro con esto. Si nunca puedo saber lo que las persona quieran decir, entonces, ¿cómo puedo saber lo que quiere decir mi profesor cuando dice eso?*

En todos estos ejemplos el discernimiento te advierte que algo huele mal pero también te puede decir que algo huele bien. También, algo te puede oler bien a ti pero mal a un no creyente. He aquí cómo Pablo explica el sentido del olfato cristiano: "Mas a Dios gracias, el cual ... por medio de nosotros manifiesta en todo lugar el olor de su conocimiento. Porque para Dios somos grato olor de Cristo en los que se salvan, y en los que se pierden; a éstos ciertamente olor de muerte para muerte, y a aquéllos olor de vida para vida." (2 Corintios 2:14-16) Como se puede ver, Pablo dice que la forma que percibes el olor de algo dependerá de que si "eres salvo" o si estás "perdido", es decir, si tu nariz está mirando a Cristo o si está apartada de él.

¿Cómo puedes agudizar este sentido mental del olor? ¿Cómo se puede desarrollar el discernimiento?

En primer lugar, es necesario tener un *espíritu de obediencia* a Jesucristo. Si tu espíritu está en rebelión, tu nariz estará en rebelión también.

En segundo lugar, necesitas *estudiar* la Palabra de Dios y leer literatura cristiana. Estamos hablando de un sentido mental del olfato, no físico. Con el fin de desarrollarlo tú tienes que usar la mente.

En tercer lugar, hay que *practicar* el oler las cosas. Huele todo. Tu poder de discernimiento es como un músculo, úsalo o piérdelo.

En cuarto lugar, tienes que ser *responsable* ante otros creyentes en una comunión cristiana saludable. Si intentas aprender a oler por ti mismo, tu sentido del olfato mental será excéntrico. Así serías, como quien respira profundamente sobre estiércol y dice: "¡Ah, rosas!"

Lo más importante de todo es que necesitas *pedirle* a Dios discernimiento. La Escritura da un sentido vívido de cuanto debes quererlo al decir que debes "clamar" y "dar voces" por él (lee Proverbios 2:3).

Cuando Dios le preguntó a Salomón qué quería, Salomón pidió a Dios discernimiento, nada más. Y debido a que Dios estaba tan complacido con esa respuesta, dio a Salomón no solo lo que había solicitado, sino que le dio más. Antes de ir a la siguiente sección, toma un descanso y lee la historia de esta petición, la encontrarás en 1 Reyes 3: 5-14.

CONSERVA TU POSICIÓN SIN SER UN IDIOTA

A medida que adquieras el discernimiento, ¿cómo lo pones a trabajar en el aula? Todos hemos conocido a personas que se encontraban en el lado correcto de una discusión pero alejaron a las personas a causa de la forma en que defendieron su punto. A veces en el aula surge una oportunidad de compartir una perspectiva cristiana sobre el tema en discusión o para defender la fe cristiana cuando está bajo ataque. ¿Cómo se puede mantener tu argumento sin hacer que el cristianismo parezca detestable?

Primero permíteme ilustrar el camino *equivocado* para mantener tu parte del argumento (sí, es un poco exagerado). Estás en clase de sociología y el profesor está terminando una clase a favor del relativismo. Concluye diciendo que nadie debe reclamar la superioridad de sus propias ideas morales y luego pregunta si hay consultas. Tan pronto como las palabras salen de la boca del profesor, te pones de pie, todo enrojecido y enojado, frente a tus compañeros de estudios, señalas al profesor y pregonas: "¡Ay del malvado! La enfermedad será con él y conforme a lo hecho por sus manos le será hecho a él! O pueblo mío, tus líderes te engañan y confunden el rumbo de tus caminos!"

¿El profesor se avergonzaría? ¿Tus compañeros de clase estarían convencidos? Por supuesto que no. El profesor no haría más que levantar una ceja interrogativa y decir a la clase: "¿Ven lo que digo?" Y los estudiantes pensarían para sí mismos: "*¡Desde luego que lo vemos.*" ¿Los puedes culpar?

Así que vamos a rebobinar la cinta unos segundos e intentarlo de nuevo. Estamos de vuelta al final de la clase.

Profesor: ... y así pueden ver cuán intolerante es para cualquiera que reclame la superioridad de sus propias ideas morales. ¿Preguntas?

Tú: *Profesor, ¿usted piensa que la intolerancia está mal?*

Profesor: Por supuesto, Nadie debería ser intolerante. ¿No le parece?

Tú: *Sí, así es. ¿Pero no está usted mismo clamando superioridad para su propia idea de la moral?*

Profesor: No recuerdo haber mencionado alguna idea. ¿Lo hice?

Tú: *Sí señor, creo que la mencionó.*

Profesor: ¿Cuándo?

Tú: *Justo ahora.*

Profesor: ¿Cuál fue la idea sobre la moral que expresé?

Tú: *La idea moral de que la intolerancia está mal.*

Profesor: Oh, veo. Pues sí, creo que si es una idea moral, sin embargo, no pretendía demostrar superioridad para ella, o ¿si lo hice?

Tú: *Bueno señor, yo pensé que si lo hizo.*

Profesor: Ciertamente, usted es un joven persistente. A ver, dígame ¿cómo lo hice?

Tú: Al decir que nadie debería ser intolerante. ¿Eso no implica que su percepción de que la intolerancia está mal es superior a la perspectiva opuesta de que la intolerancia está bien?

Profesor: Hmmm. Podría ser. ¿Cuál es su punto?

Tú: Bueno, si algunas ideas morales son superiores a otras, ¿eso no significa que el relativismo es falso?

Profesor: Esa es una perspectiva. Ciertamente es una perspectiva. Tendré que meditar al respecto. ¿Siguiente pregunta?

¿Te diste cuenta de todas las cosas que hiciste bien en *esta* conversación? En primer lugar, te limitaste a un solo punto. Todo lo que estabas tratando de mostrar fue que incluso tu profesor cree en al menos una verdad moral. En segundo lugar, no diste una clase. Tus observaciones fueron breves y la mayoría de ellas eran respuestas a las preguntas de tu profesor. En tercer lugar, lo razonaste con sencillez y claridad. Cualquiera podría haber seguido tu línea de argumentación. En cuarto lugar, no le diste un bibliazo, un golpe con tu Biblia, al profesor. Hay un momento para citar la Escritura (por ejemplo, si el asunto en discusión es lo que Jesús dijo acerca de sí mismo) pero reconociste que este no era el caso. En quinto lugar, modelaste la cortesía. Mostraste respeto por tu profesor y escuchaste lo que tenía que decir, sin interrumpirlo. En sexto lugar, te mantuviste en calma. No te pusiste nervioso, alterado, impaciente o enojado. En séptimo lugar, reconociste que no tienes que "ganar". Entonces, ¿qué si el profesor no estaba convencido? Entonces, ¿qué si él tiene la última palabra? Entonces, ¿qué si él cambió de tema? Todo lo que tenías que hacer era plantar una semilla.

Las mismas siete directrices se aplican cuando estás respondiendo a los comentarios de tus compañeros de clase. Si mantienes a las siete normas en mente, estarás en buena forma.

COMO LIDIAR CON LOS PROFESORES HOSTILES

El profesor que abordó el asunto de la intolerancia no estuvo de acuerdo con los puntos de vista cristianos pero trató de ser justo. Es posible que te enfrentes con un profesor matón que ni siquiera va a intentarlo. ¿Cómo se debe responder? Por supuesto que siempre es bueno orar para que Dios cambie el corazón de tu profesor (simplemente no lo hagas en voz alta). Otra cosa que puedes hacer es ser un estudiante aplicado que incluso un profesor injusto tendría dificultades para quejarse de ti. ¿Qué más se puede hacer? Depende del tipo de ataque con el que estés tratando. Los tres principales tipos de ataques son: el ridículo, la parcialidad cuando se modera la discusión de la clase y el sesgo en la clasificación.

Caso 1: El ridículo. Por favor, ¡recuerda que no está mal que un profesor no esté de acuerdo con tu opinión! Si la mera discrepancia te molesta, desarrolla una piel más gruesa. Entonces, ¿qué quiero decir con burlarse? Cuando un profesor hace cosas como hablarte en tono burlón despectivo, los insultos y la intimidación. Por ejemplo, cuando un profesor en mi propia universidad abrió su clase diciendo: " Todos ustedes aquí son demasiado inteligentes para ser pro-vida, ¿verdad?"

¿Qué se puede hacer con el ridículo? En primer lugar, mantener la calma; el enojo le da a Satanás un punto de apoyo. En segundo lugar, desafíe la burla pero hágalo con calma, de manera concisa y con educación. "Disculpe, profesor. Yo soy pro-vida. Usted tiene derecho a corregir mis hechos o mi razonamientos pero no tiene derecho a insultarme cuando ni siquiera ha escuchado cuales son."

Si la burla persiste a pesar del desafío, documéntala. Escribe exactamente lo que se dijo y cuándo. Cuando hayas documentado varios casos de ridiculización y tengas un número de testigos que te respalden, lleva tu queja a tu decano. Casi toda universidad disciplina al profesorado por ridiculizar a los estudiantes.

Caso 2: La parcialidad cuando se modera la discusión de la clase. ¡Recuerda que no es injusto que un profesor tome partido! La cuestión es *cómo* toma partido el profesor. Por ejemplo, está bien si el profesor dice que es ateo pero no está bien si llama solo a los ateos y nunca a los teístas o si lanza únicamente preguntas fáciles a los ateos y solo preguntas difíciles a los teístas.

¿Qué se puede hacer acerca de la parcialidad? No hagas nada en lo absoluto a menos que sea extrema, además no te quejes sobre eso en la clase porque si haces quedar mal a tu profesor, él nunca te escuchará de nuevo. En lugar de eso, habla con él sobre el problema en la oficina, sé cortés y no discutas. Si esto no funciona, vuelve a su oficina otro día, lleva contigo a un compañero de clase que confirmará que lo que estás diciendo es verdad y habla con el profesor amablemente de nuevo. Algunos profesores realmente se sorprenden al escuchar que han mostrado parcialidad y una vez que se han convencido de que la queja es verdad, rápidamente cambian su camino.

Si has seguido estas pautas y todavía persiste la parcialidad en la discusión de clase, ignórala. A pesar de que la parcialidad es frustrante, es casi imposible de probar y es poco probable que pueda afectar tu calificación de todos modos. Por estas razones, es poco probable que logres alguna cosa por quejarte ante una autoridad superior. En su lugar, ora por paciencia; Dios ama y respeta el deseo de imitar su longanimidad.

Caso 3: El sesgo en la clasificación. Recuerda que el profesor no está mostrando un sesgo si te da una nota más baja de la que crees que te mereces. Los profesores *deben* ser duros. El sesgo va más allá de ser duro; es tratar la calidad equitativa de manera desigual. Por ejemplo, supongamos que un profesor asigna a la clase un ensayo sobre cuál es la posición con respecto al suicidio asistido. Algunos estudiantes escriben a favor del suicidio asistido; otros escriben en contra de él. Mientras el profesor está regresando los trabajos corregidos, él comenta: "Por cierto, los ensayos contra el suicidio asistido eran de mayor calidad pero les di calificaciones más bajas porque no estoy de acuerdo con su posición".

¿Qué se puede hacer sobre el sesgo en la clasificación? En primer lugar, debes tener en cuenta si el resultado es muy malo; la diferencia entre un B + y un B- es algo por lo que probablemente no vale la pena luchar. En segundo lugar, considera si el sesgo puede ser probado. En el ejemplo dado en el párrafo anterior, se puede ofrecer las propias declaraciones del profesor como prueba pero en la mayoría de los casos comprobarlo es más difícil. No obstante, si el sesgo es extremo y comprobable entonces debes apelar la nota con tu profesor en privado.

¿Qué pasa si presentas tu caso al profesor pero este se niega a ceder? La mayoría de las facultades y universidades permiten a los estudiantes que apelen las notas con la autoridad superior pero estas apelaciones se tratan generalmente con escepticismo. Por buenas razones, una de esas es que se le concede al profesorado mucha discreción, por lo que la carga de brindar las pruebas estará en ti. Por esta razón, no es aconsejable pasar por encima de tu profesor, a menos que tu caso sea muy evidente.

Si eres objeto de la injusticia por llevar la bandera de Cristo, recuerda las palabras de Jesús: "Bienaventurados sois cuando por mi causa os vituperen y os persigan, y digan toda clase de mal contra vosotros, mintiendo. Gozaos y alegraos, porque vuestro galardón es grande en los cielos; porque así persiguieron a los profetas que fueron antes de vosotros." (Mateo 5:11-12) Deja de lado tu ira y ora por su profesor, no con resentimiento, sino en amor, y no solo por tu propio bien, sino por el suyo.

ENCUENTRA ALIADOS INTELECTUALES

Al llegar a la universidad, te ayudará enormemente encontrar un *mentor* cristiano. Un mentor es un profesor que comparte tu fe cristiana y está dispuesto a hablar contigo acerca de cómo se relaciona la fe con tus estudios. Lo ideal sería que tu mentor tenga muchos años de experiencia cristiana y enseñe en el mismo campo que estás estudiando. ¿De verdad hay profesores cristianos? ¡Más de los que piensas! ¿Cómo los puedes encontrar? El grupo de comunión cristiana estudiantil o los líderes de tu iglesia pueden ser capaces de remitirte a los profesores cristianos.

También puedes consultar el directorio de organizaciones de la facultad para ver si hay una comunidad cristiana de académicos en el predio de la universidad. Si es así, entra en contacto con el líder y pregunta si alguno de los miembros del grupo enseñan en tu campo y si además los miembros están disponibles para hablar con los estudiantes sobre los desafíos de la fe. También puedes ver si existe algún centro de estudios cristiano ubicado cerca del predio de tu universidad. En mi universidad, los profesores cristianos, incluso publican un anuncio en el periódico de los estudiantes una o dos veces al año. Ellos publican sus nombres e invitan a los estudiantes a que los visiten para hablar de las afirmaciones de Jesucristo. Pide a Dios que te dirija al mentor correcto.

Si no puedes encontrar un profesor cristiano en tu especialidad, ¿quién más podría ser un mentor cristiano? Tú puedes optar por un asistente de profesor que se haya graduado en tu campo, un profesor en un campo *relacionado* o alguien que trabaje en ese campo pero que no enseñe en la universidad. Incluso si no puedes encontrar un mentor académico cristiano, debes buscar un mentor espiritual cristiano. Esta persona podría ser un cristiano mayor que tú, con experiencia y confiable, que asiste a tu iglesia local o es de tu grupo de fraternidad cristiana del predio de la universidad; incluso puede ser el padre de un amigo. Por cierto, por lo general, es aconsejable buscar un mentor que sea de tu mismo sexo.

También pídele a Dios que te ayude a encontrar compañeros que puedan ser un círculo de apoyo intelectual. Ahora, ¿qué quiero decir con eso? Me refiero a un grupo de amigos de tu misma edad que han dedicado su vida a Jesús, enfrentan a los mismos retos intelectuales y se animan los unos a los otros en la fe al hablar de los desafíos.

Si tu iglesia o grupo de comunión cristiana funciona como un círculo de apoyo intelectual, es fantástico. Si no es así, no te preocupes por eso; cada iglesia y grupo de comunión es más fuerte en algunas áreas que en otras. Lo importante es que todos en tu círculo de apoyo intelectual sean cristianos, de tal manera que se edifiquen entre sí en la fe, en lugar de derribarse uno al otro. Tal vez uno de los miembros de tu círculo de apoyo intelectual es tu compañero de dormitorio, otro es de tu grupo de hermandad cristiana, otro es de tu iglesia, otro es de tu equipo de fútbol y otro comparte muchas clases contigo porque ambos están en la misma especialidad.

Tu círculo de apoyo intelectual no tiene por qué ser un club con reuniones periódicas, aunque podría ser. Es suficiente con que puedan reunirse y hablar, ya sea todos juntos de una vez o en grupos de dos, tres y cuatro. En mi mente, escucho a Alex mencionarle a su círculo de apoyo intelectual que desde que se leyó *El paraíso perdido* en su clase de literatura, él ha estado preocupado por el enigma de por qué existe el mal en el mundo. Todos los otros responden. Ahmed, que es un buen oyente y le hace preguntas para arrojar luz sobre Alex. Courtney menciona que su hermano, que murió de cáncer, extrajo fortaleza de la discusión de Pablo sobre el sufrimiento que está en Romanos 8:18-39 y ella y Alex buscan el pasaje y hablan acerca de lo que dice. Farhanna, que lee todo lo que le llega a las manos, sugiere el libro *El problema del dolor*, del escritor cristiano C. S. Lewis, y ofrece prestárselo a Alex. A continuación, el propio Alex recuerda el libro de Job en el Antiguo Testamento y decide volver a leerlo. ¿Ves cómo funciona esto?

Un círculo de apoyo intelectual es un gran regalo de Dios que va a hacer una diferencia para el resto de tu vida. Solo un detalle: Puedes ser tentado a substituir la iglesia con tu círculo de apoyo intelectual. ¿Te das cuenta cómo podría pasar esto? Tú y los otros miembros del círculo de apoyo intelectual empiezan a sentir que ustedes van más allá y superan a otros cristianos y no necesitan asociarse con ellos, o pueden empezar a pensar que sus conversaciones son tan espirituales que no necesitan hacer cosas cristianas comunes como ir a la iglesia. Es verdad que los cristianos que se deslizan en este tipo de pensamiento escapan del error de pensar que Dios no está interesado en sus mentes pero caen en el error opuesto y piensan que Dios está interesado *solo* en sus mentes. Ama al Señor con toda tu mente pero ámalo también con todo tu ser. La fe debe ser inteligente pero ¡la inteligencia no tiene que ser arrogante!

CONCLUSIÓN

11

EL SIGNIFICADO DE TU VIDA

ENCAJAR A CRISTO EN TU VIDA

En un minuto voy a decir algo radical pero todavía no.

Voy a empezar poco a poco, diciendo lo que esperas que diga.

Ya conoces la rutina. Comienzo hablando acerca de cómo has encontrado un lugar en tu vida para la amistad, para aprender, para la música y así sucesivamente. Entonces luego te digo: "No olvides encontrar un lugar en tu vida para Cristo."

Si te estás preparando para ingresar a la universidad, de mi parte te digo sobre como necesitarás estar bien equilibrado y pasar algo de tu tiempo en clase, algo en la biblioteca, algo en actividades extracurriculares y así sucesivamente. Luego te digo: "No olvides pasar algo de tu tiempo con Cristo."

Si ya estás en la universidad, me voy a mi repetida tonada acerca de cómo has hecho un lugar en tus planes para tu futura carrera, para tu futuro amor, para tu futuro trabajo y así sucesivamente. Entonces luego te digo: "No olvides encontrar un lugar en tus planes para Cristo."

Sí, sí, eso es bonito.

No, no lo es.

¿A ti no te suena mal? Es posible que hayas visto ese discurso en algunos libros religiosos, yo si lo he visto; o quizás has escuchado hablar así a algún consejero, yo lo he escuchado. ¿Pero eso no hace sonar una nota falsa?

¿Cuál es la nota falsa?

La nota falsa es que te pone a ti a cargo. Todo gira alrededor de hacer encajar a Jesucristo en *tu* vida, *tu* tiempo, *tus* planes. Tú le permites tener lugar en esas cosas pero todavía crees que te pertenecen a ti.

No ha ocurrido realmente ningún cambio. Es como si el edificio te perteneciera a ti pero le permites a Jesús que viva en uno de los apartamentos; es como si el reino te perteneciera pero permites que Jesús tenga una de las casitas; es como si el calendario te perteneciera pero permites que Jesús tenga una de las citas.

Quizás estés pensando: "Ah, ya lo entendí, no debería darle a Cristo solo un lugarcito en mi vida, debería darle un lugar muy grande. Bueno, yo puedo hacer eso."

No, eso no es lo que quiero decir. Incluso si le das un espacio muy grande en tu vida en lugar de uno pequeño, sigue siendo tu vida.

Y ese es el problema.

Jesucristo no quiere un lugar en tu vida, Él no quiere que le permitas encajar en tus planes.

Entonces, ¿qué quiere?

TU VIDA ENCAJADA EN CRISTO

Cristo no quiere un lugar en tu vida, Él quiere toda tu vida. Jesús no quiere que tan solo le permitas encajar en tus planes, Él quiere hacerte encajar a ti en Sus planes. Eres llamado a *pertenecerle* a Él. No lo veas como si fuera solo mi idea, compruébalo en la Biblia. Pablo dice en Romanos 1:6: " entre las cuales estáis también vosotros, llamados a ser de Jesucristo".

Muchas personas se quedan atónitas con esta idea y piensan: "¿Quién se cree Jesucristo que es... Dios?" Sí. De eso se trata, Él es Dios, tú no eres Dios.

Quizás puedas estar en posesión de tu vida pero no tienes el título de propiedad. Cristo es el dueño legítimo porque Él pagó el precio. ¿Dónde lo pagó? En la cruz. ¿Cómo lo pagó? Con sangre. Ahora tú estás llamado a pertenecerle a Él.

Otra razón por la que algunas personas se abruman con esta idea, es que parece quitarles su libertad. No te voy a decir que la libertad no es importante, porque sí lo es. Jesús mismo habló de ella y dijo que había venido a proclamar "libertad a los cautivos" (Lucas 4:18). Él dijo de sí mismo: "Así que, si el Hijo os libertare, seréis verdaderamente libres". (Juan 8:36) Pablo también dijo: "en la libertad con que Cristo nos hizo libres" y que "a libertad fuisteis llamados". (Gálatas 5:1,13) A su vez Pablo dijo que algún día "la creación misma será libertada de la esclavitud de corrupción, a la libertad gloriosa de los hijos de Dios". (Romanos 8:21)

Pero lo fundamental es entender qué clase de libertad es esta. No es algo diferente a pertenecerle a Cristo; *es* pertenecerle a Cristo. Mira: "cada uno es esclavo de aquello que lo ha dominado", (2 Pedro 2:19, NVI) y todo el mundo está dominado ya sea por sus propias pasiones o por Cristo. No hay ninguna otra opción. En la primera opción, estamos libres del control de la rectitud pero no hay beneficios, solo existe la frivolidad y la muerte. En la segunda opción, estamos libres del control del pecado y el beneficio es la santidad y la vida eterna (lee Romanos 6:16-23). Nosotros elegimos la segunda clase de libertad.[30]

Tú dices: "Oh, vamos, *eso* no puede ser libertad, ¿puede serlo? ¿en serio? ¿cómo puede eso funcionar?" Vamos a abordar cada pregunta, una por una:

Pregunta número uno, sí lo es; pregunta número dos: sí, lo digo en serio. Sin embargo, la pregunta número tres, ¡no sé cómo funciona! No sé cómo funciona la tecnología espiritual. Dios se encarga de eso y cuando Él se hace cargo, lo hace de verdad. Todo lo que puedo decir es que *sí* funciona y que es maravillosa.

Volvamos a que Cristo no quiere *un lugar* en tu vida, sino que Él quiere *toda* tu vida. Él tampoco quiere que lo encajes en tus planes, sino que tú te encajes en los suyos.

Tal vez estás pensando: "Ah, ya lo entiendo. Se supone que tengo que estar en el ministerio a tiempo completo o algo así."

Ese no es el punto tampoco. En cierto sentido, *cada* cristiano es un ministro a tiempo completo, ya sea que esté ordenado o no (lee 1 Pedro 2:9). Dios puede querer que seas un ministro ordenado pero también podría querer que te conviertas en un colector de perros. Puede que él quiera que seas un misionero pero por otra parte puede querer que te conviertas en un contador. El punto es que no importa lo que Él quiere que seas, Él quiere llegues a ser completamente suyo. Si atrapas perros, atraparlos como si fueran los perros de Dios (de hecho, lo son). Si haces los balances de las cuentas, hazlos como si Él fuera el dueño del negocio (de hecho, Él es el dueño.) Dale tus noches y tus días, tu salir y tu entrar, tu levantar y acostar. Entrégale tus amistades, tus citas y cuando el día llegue, tu matrimonio y tus hijos. También ríndele tu pasado en humildad, tu presente en la dedicación y tu futuro en la esperanza y la confianza.

Ahora veamos cómo se hace.

EL RESTO DEL TIEMPO EN LA UNIVERSIDAD

Entonces, vamos a tomar como un hecho que Dios quiere quitarte el polvo, moldearte, enseñarte y hacerte un espejo reluciente de su gloria. No preguntemos más como es que Dios encaja en tus planes para la universidad, preguntémonos dónde encaja la universidad en el plan de Dios para tu vida.

Una de las historias de Jesús nos da una pista. Se llama "La parábola de los talentos" (lee Mateo 25:14-30) y se trata de un amo que le confía a sus siervos el cuidado de su dinero durante una larga ausencia. A su regreso, el amo se percata que un sirviente ha enterrado su talento para mantenerlo a salvo, mientras que los otros dos invirtieron sus talentos. El amo alaba y recompensa con aún mayores responsabilidades a los audaces pero reprende, despide y ordena que el asustadizo sea lanzado afuera. Incluso le da esa parte, el talento, a uno de los servidores fieles.

Jesús contó esta historia para enseñar algo sobre el reino de los cielos. No se trata realmente sobre el uso del dinero, sino sobre el uso de los dones de Dios. El dinero es solo una metáfora. Podemos señalar el meollo del asunto de la siguiente manera: Así como un hombre de negocios duro, de este mundo, espera que sus agentes asuman riesgos y no entierren el dinero que se les entrega, sino que desea que lo utilicen para obtener un rendimiento, así también Dios espera que nosotros tomemos riesgos, al utilizar nuestros talentos para edificar el reino de los cielos, en lugar de enterrar lo que se nos ha dado.

Es probable que mientras crecías, la gente te pudo haber animado a usar tus talentos. Claro, pero ¿cómo? Quizás, de vez en cuando alguien te insinuó que debes usarlos para Dios. La sorpresa es descubrir que esta es la única razón por la que se te dieron en primer lugar. Es como si tus talentos fueran dinero y Dios te dijera: "Amplia mi negocio." O como si fueran semillas y dijera: "Levanta una cosecha para mí."

Puede ser que estés pensando: "¿Por qué *yo* debería hacer todo eso? ¿Dios es perezoso o algo?" Eso no es así. Una mejor manera de ver el asunto es que Él nos está dando el increíble privilegio de participar en su obra. Dios pudo haber hecho todo por sí mismo y decirnos: "No te atravieses en el camino." Él pudo habernos hecho a un lado pero en cambio, ¡nos hace socios! Si aceptas esta sociedad, un día escucharás la voz de Cristo decir: "Bien, buen siervo y fiel; sobre poco has sido fiel, sobre mucho te pondré; entra en el gozo de tu señor."(Mateo 25:21,23)

¿Existe alguna desventaja? No, si usas tus talentos para el reino; pero si hay desventajas si no los usas. En ese caso, tus talentos serán tomados y le serán entregados a otros. Solo lo que se basa en Jesucristo sobrevivirá en el cielo (lee Mateo 25:28-29; 1 Corintios 3:10-15).

Esto como que le da un nuevo giro a las decisiones de la universidad, ¿no es así? En realidad, le da una nueva perspectiva a ¡las decisiones de la vida!

Algunos estudiantes hacen sus planes para la universidad de acuerdo con las profesiones que les darán los mayores ingresos. Algunos de ellos hacen planes de acuerdo con lo que les parece más divertido. Algunos de ellos hacen planes imitando a sus amigos. Y algunos solo van a la deriva de actividad en actividad, de carrera en carrera, de materia en materia. Ninguno de esos caminos van de acuerdo con la manera en que Dios quiere que planifiques. Dios desea que hagas planes para la universidad de tal forma en que puedas *descubrir, desarrollar y desplegar* tus talentos de la mejor manera.

Acabo de mencionar el descubrimiento, el desarrollo y el despliegue. Vamos a hablar de cada uno.

Descubrir tus talentos significa que te des cuenta de cuáles son. La universidad te da la oportunidad de probar muchas cosas para averiguar lo que haces bien. Y no me refiero solo en el aula. Es cierto, Sarah supo que ella tenía talento para escribir a través de sus cursos de inglés pero Wendy se enteró de que tenía talento musical al unirse al club de coro de la universidad. Nathan supo que tenía potencial como consejero a través de sus clases de trabajo social pero Sean aprendió que sería un buen personal de mantenimiento mediante la participación en proyectos de extensión de la fraternidad cristiana en la universidad.

Desarrollar tus talentos significa practicar para hacerlos más agudos y añadirles conocimiento con el fin de hacerlos más profundos.

Esto también se puede dar tanto dentro como fuera del aula. Sarah se unió al personal del periódico de la escuela, Wendy tomó clases de canto en el departamento de música y Nathan ganó experiencia en las consejería como voluntario en línea de emergencia. Al darse cuenta de que la mayoría de los operarios se auto emplean, Sean tomó algunos cursos de dibujo arquitectónico y cursos prácticos de negocios, luego, trabajó veranos como ayudante de carpintero.

Desplegar tus talentos significa ponerlos a trabajar para edificar el reino de Dios. Sarah se convirtió en una profesional independiente, escribiendo artículos desde una perspectiva cristiana y vendiéndolos a revistas. Wendy organizó un coro de adolescentes en su iglesia. Nathan y Sean continuaron con el trabajo voluntario que ya habían comenzado en la intervención en crisis y la rehabilitación de viviendas comunitarias.

Como se puede ver, Sarah, Wendy, Nathan, y Sean estuvieron descubriendo, desarrollando y desplegando sus talentos a lo largo de sus años en la universidad. Pero, ¿qué sucede después de la graduación?

EL RESTO DE TU VIDA

El descubrimiento, desarrollo y despliegue de tus talentos continuará a lo largo de tu vida. Cuando la universidad llega a su fin, el descubrimiento y el desarrollo se vuelven menos primordiales y el despliegue se hace más importante.

Ahora aquí te tengo una sorpresa: tus talentos no son las únicas cosas que puedes utilizar para servir a Dios. De hecho, puedes poner *toda tu personalidad* a trabajar. ¿Por qué no? ¿no fue Dios quien te la dio? Otra forma de pensar sobre el asunto es considerar que los "talentos" no incluyen solo las habilidades como la consejería y el canto, sino también los rasgos de personalidad como la perspicacia y una disposición alegre. Después de todo, esas cosas también vienen de Dios y nos las da para su gloria. Sin embargo, también necesitan ser desarrolladas. Vamos a echar un vistazo a algunas formas en que puedes utilizar toda tu personalidad o sea tus talentos, tanto en el sentido estricto como en el sentido amplio de ellos, para glorificar a Dios.

En tu empleo regular. Muchas personas tienen la idea de que la única manera de servir a Dios en el empleo regular es a través de trabajar como ministro ordenado. ¡No pueden estar más lejos de la verdad! Es cierto que algunos puestos de trabajo ofrecen mucho más grandes oportunidades que otros para hablar sobre la fe y por estos puestos me refiero a los empleos de "conversación" como la enseñanza, la orientación y la función pública. Pero de una manera u otra, Dios puede ser glorificado en cualquier trabajo honesto. Por ejemplo, un contador cristiano puede glorificar a Dios mediante el establecimiento de un alto nivel de integridad tal, que haga que las personas quieran saber sobre su Señor. Un médico cristiano puede glorificar a Dios al tratar a ricos y a pobres, independientemente de su capacidad de pago, mostrando no solo la habilidad sino también la compasión. Un abogado cristiano puede glorificar a Dios, al recordar que la fuente de la justicia humana es la justicia divina y al negarse a utilizar sus conocimientos para hacer el mal.

En tus actividades de voluntariado. Otro error común es pensar que la única manera de servir a Dios en actividades de voluntariado es hacer algo dentro del edificio de la iglesia. ¡De ningún modo! Gran parte de la obra de Dios se lleva a cabo ahí, en la enseñanza de la escuela dominical, cantando en el coro, la preparación de la iglesia para los servicios de adoración. Pero Dios también tiene una gran obra afuera de las paredes de la iglesia. Por ejemplo, algunas personas consuelan a los enfermos, visten a los pobres y visitan la cárcel. Uno de mis amigos utiliza sus vacaciones para ayudar en misiones médicas cristianas en países pobres. Él no es un enfermero, médico o técnico entrenado, por lo que pasa mucho tiempo limpiando bacinillas. No es un servicio glamoroso pero él dice que es glorioso.

A continuación te anoto algunas otras buenas maneras de utilizar tus dones. Pueden parecer obvias pero te sorprenderías de cómo muchos cristianos las pasan por alto.

1. Sé el mentor de alguien.
2. Enseña en la escuela dominical.
3. Educa a los niños para que sean piadosos.
4. Haz emparedados en el comedor de ayuda social.
5. Mantén un hogar tranquilo y bien ordenado.
6. Sé voluntario en el centro de crisis de embarazo.
7. Elije una profesión apropiada para tus talentos.

En tus relaciones personales. Un tercer error popular es pensar que la única manera de servir a Dios en las relaciones personales es evangelizar a los amigos. ¡No creas eso! No está de más decir que debes evangelizar a tus amigos pero que no se te olvide el evangelismo silencioso que ofreces cuando escuchas a tus amigos en el momento en que están afligidos y cuando ofreces tu mano para ayudarles a levantarse cuando tropiezan. ¿Y qué pasa con tu familia? Puedes glorificar a Dios cuando honras a tus padres, cuando te entregas por el hombre o la mujer con quien te casaste y al criar a los hijos que Dios te puede dar en el conocimiento y el amor del Señor. Por supuesto que pecamos pero glorificas a Dios perdonando a otros, teniendo una actitud humilde y llevando las cargas de otros. Dios quiere que cada familia cristiana y toda amistad cristiana sea un puesto de avanzada del reino de los cielos, una antorcha de esperanza en un mundo que no ve la esperanza muy seguido.

En amor. El último error que las personas cometen es pensar que dar gloria a Dios es un deber. ¡Ni por un minuto! ¿Qué pensarías de un padre que protegió a sus hijos simplemente porque pensaba que debía de hacerlo y no por amor? No piensas muy bien de él, ¿cierto? ¿Pensarías bien de un amigo que te ayudó solo porque se sentía en la obligación y no porque se interesara por tu vida? Por supuesto que no. ¿Qué hay de Dios? ¿Él mismo pasa tiempo con *nosotros* solo por deber? No. Él lo hace porque nos ama. Pablo dijo: "Por tanto, imiten a Dios, como hijos muy amados, y lleven una vida de amor, así como Cristo nos amó y se entregó por nosotros como ofrenda y sacrificio fragante para Dios". (Efesios 5:1-2, NVI) Este pasaje nos dice que imitar a Dios es copiar a Cristo, es amar como Él ama. Si no amo a las personas en cuyas casas estoy trabajando, ¿qué tiene de bueno pasar todo mi tiempo libre en la rehabilitación de viviendas comunitarias? Soy solo un conjunto ciego de dedos o una caja que traquetea con herramientas. Si no amo a Dios, ¿de qué me sirve tener el don de la música y enseñar hasta cansarme a un grupo de niños desafinados alabanzas a Dios? Solo soy un reproductor de CD o un ordenador multimedia. "El que no ama no conoce a Dios, porque Dios es amor". (1 Juan 4:8)

EL RESTO DE LA ETERNIDAD

Ahora que ya hemos hablado de el resto de la universidad y el resto de la vida, vamos a hablar sobre el resto de la eternidad. ¿Has notado que a muchas personas no les gusta hablar acerca del cielo? ¿Eres una de esas personas? Yo solía ser una de ellas. Yo pensaba que era egoísta querer ir allí. Pero no es egoísta, queremos ir allí porque Dios nos hizo de esa manera. El cielo es nuestro verdadero país, nuestro hogar. ¿piensas que es tonto pensar mucho en el cielo cuando hay tanto que pensar en esta vida? No es tonto; estaremos allí mucho más tiempo que aquí. Ochenta o noventa años no parecen ser mucho tiempo al lado de la eternidad. ¿Crees que es ingenuo tener esperanza en el cielo solo porque creemos lo que queremos creer? No es ingenuo, al haber llegado a conocer a Dios, hemos aprendido que se puede confiar en sus promesas. El ateo es quien cree lo que quiere creer, pues quiere que *no* exista ni Dios y ni el cielo. ¿Crees que es barato servir a Dios con la esperanza del cielo cuando deberíamos estar sirviéndolo a Él solo por quién es? No es barato; al servir a Dios con la esperanza del cielo le *estás* sirviendo a Él por quien es, ya que disfrutar del cielo significa disfrutarlo a *Él*. Si hubiese peligro en tener esperanza en el cielo, Cristo no nos hubiera dicho todo lo que dijo acerca del cielo.

Así que no es tonto tener esperanza en llegar al cielo. Lo que es una tontería es esperar llegar al cielo sin rendir nuestra vida a Cristo, ya que Cristo mismo es nuestra esperanza para llegar al cielo. Él es la puerta.

Vamos a darle un espacio a la esperanza de llegar al cielo. Hablemos de eso. Imaginemos el cielo así como lo describe Juan en los dos últimos capítulos del Apocalipsis. Toma estas palabras como imágenes poéticas en lugar de una descripción literal, no obstante, recuerda que la realidad será mejor que las imágenes.

Imagínate toda la naturaleza creada de nuevo, tan fresca como el día de la creación: una tierra nueva y el cielo sin dolor, ni muerte, ni decadencia.

Imagínate una hermosa ciudad suspendida en el aire, que desciende del cielo desde Dios: una ciudad tan maravillosa que te hace pensar en una novia, está espléndida para su marido el día de su boda.

Imagínate esta ciudad arrojando chispas de luz como un diamante. Imagínate las puertas. Imagínate el interior.

Imagínate la ciudad sin necesidad de la luz del sol o de la luna, porque el Señor Dios y el Cordero de Dios es la luz. Imagínatela sin templo, porque el Señor Dios y el Cordero de Dios son el templo. En esta vida vamos a la iglesia para estar con Dios, sin embargo, en el cielo Dios estará con nosotros de una manera mucho más perfecta de la que Él está aquí en la iglesia.

Imagínate un trono. Imagina un río de vida que fluye hasta la calle. Junto al río, imagínate árboles con hojas para la sanidad. Imagínate el pueblo de Dios, mirando hacia el trono y Dios ha enjugado las lágrimas de sus ojos.

Aquí es donde termino, debido a que la siguiente parte está más allá de las imágenes, incluso poéticas. Sé cómo Juan se sintió en sus dos últimos capítulos porque me siento abrumado. Simplemente es algo así:

Ellos verán su rostro. Su nombre está en sus frentes. Y ellos reinarán con Él para siempre.

Tú puedes estar entre ellos. Las decisiones que tomes y el camino que tomes en este momento en la universidad están determinando si te llamarán o no como uno de los hijos de Dios. A través de la universidad y durante toda tu vida, habrán tanto momentos de triunfo como momentos de desánimo. Pueden haber momentos en los que el desánimo llegue tan profundo que parece poner en tela de juicio al triunfo. No te dejes confundir, pon estas experiencias en perspectiva eterna. Cuando el cuerno del ángel marque el inicio de lo eterno, *esa* será la victoria, *ese* será el triunfo.

Ellos le verán a Él cara a cara. Tú puedes estar entre ellos. Sigue a Cristo.

SOBRE EL AUTOR

J. BUDZISZEWSKI (Boojee-shefski) es un ex ateo, ex político radical, ex soldador astillero y ex montón de otras cosas, como ex joven y ex delgado. Obtuvo su Ph.D. en Yale y desde 1981 ha estado en la Universidad de Texas en Austin, donde enseña en los departamentos de Gobierno y Filosofía. Él escribe sobre la ley natural y si se le pregunta qué es eso, él le dirá que se trata de *Lo que no se puede no saber* sobre el bien y el mal (que resulta ser el título de otro de sus libros). Ha estado casado por más de treinta años con su novia de la secundaria, Sandra, y tiene dos hijas. La gente piensa que ellas deben estar relacionadas con la dinastía Romanov ya que se llaman Alexandra y Anastasia. ¿Qué más? Él ama la enseñanza, odia el papeleo, le gusta mucho escribir, odia las plumas y lápices. Dice que le gusta la música contemporánea pero resulta que él quiere decir "lo contemporáneo de Johann Sebastian Bach". Él abandonó su fe durante la universidad pero volvió a Cristo doce años más tarde. Si deseas obtener más información sobre su trayectoria, puedes leer sobre él en su página web: www.undergroundthomist.org solamente en inglés.

NOTAS

Capítulo 1
1. Richard John Neuhaus, *"Martyrs, Correct and Incorrect,"* First Things: A Monthly Journal of Religion and Public Life [Mártires, correcto e incorrecto, Las primeras cosas: Una revista mensual de religión y vida pública] 37 (Noviembre 1993): 46–47.

Capítulo 2
2. Le debo la frase "un Qué en tres Quiénes" al útil libro de Norman Geisler *Answering Islam* [Responde al Islam] (Grand Rapids, MI: Baker, 1993), 2, 267.

Capítulo 3
3. Las palabras citadas provienen del paleontólogo neo darwiniano George Gaylord Simpson, quien escribió: "El significado de la evolución es que el hombre es el resultado de un proceso sin propósito y natural que no nos tenía en mente."; George Gaylord Simpson, *The Meaning of Evolution* [El significado de la evolución], rev. ed. (Universidad de Yale Press, 1967), 344-345. Estoy tratando de evitar las notas al pie en este libro pero cuando el tema del darwinismo aparece, necesitas saber las fuentes porque la gente te dirá que tus hechos deben estar equivocados.

4. Hay una gran cantidad de evidencia sobre la micro evolución, por ejemplo, picos de aves que crecen o se encojen a lo largo de muchas generaciones. Eso no es controversial. Las pruebas se desmoronan cuando se llega a la macro evolución, de donde provienen los picos de los pájaros, en primer lugar, o cómo los peces se convierten en ranas.

5. Para obtener más consejos útiles sobre cómo tratar con los darwinistas, echa un vistazo a Phillip Johnson, *Defeating Darwinism by Opening Minds* [Derrota el darwinismo al abrir las mentes] (Downers Grove, IL: InterVarsity, 1997).

6. Para una presentación clara de la evidencia científica para el diseño inteligente, véase Michael J. Behe, *Darwin's Black Box: The Biochemical Challenge to Evolution* [La caja negra de Darwin: El desafío bioquímico para la evolución] (Nueva York: Free Press, 1996). El profesor Behe,

bioquímico de la Universidad de Lehigh, no afirma que la ciencia pueda demostrar que el diseñador fuera Dios, solo que tenía que haber un Diseñador.

7. Richard Lewontin, "Billions and Billions of Demons," *Juan da Escritura:* "*la libertad en las parejas que cohabitanThe New York Review of Books* [Millardos y millardos de demonios, Revisión de libros Nueva York] 9 de enero de 1997, 28-32. Por "construcciones" Lewontin quiere decir hipótesis, por mundo "fenomenal" quiere decir el mundo tal como lo experimentamos, por "contradictorio" quiere decir contrario a lo que cabría esperar, y por "una adhesión *a priori*", quiere decir haber decidido creer en algo antes escuchar las pruebas.

8. El filósofo Thomas Nagel expresa una hostilidad similar hacia Dios: "Quiero que el ateísmo sea cierto y me siento incómodo por el hecho de que algunas de las personas más inteligentes y bien informadas que conozco son creyentes religiosos. No es solo que yo no creo en Dios y, por supuesto, espero que mi creencia sea cierta. ¡Espero que Dios no exista! Yo no quiero que haya un Dios; yo no quiero que el universo sea así...Mi conjetura es que este problema de autoridad cósmica no es una enfermedad poco frecuente y es responsable de gran parte del cientificismo y reduccionismo de nuestro tiempo." Thomas Nagel, *The Last Word* [La última palabra] (Nueva York: Oxford University Press, 1996), 130-131

9. Blaise Pascal, *Pensées*, trans. W. F. Trotter (New York: E. P. Dutton y Co., 1943), la cita no. 422.

10. G. K. Chesterton, *Orthodoxy* (New York: John Lane, 1909), 238–239.

11. Doug Groothuis ha resumido los nueve errores principales de la religión de la Nueva Era en *Evangelizing New Agers*, [Evangeliza a los Nueva Eristas] Christian Research Journal, Invierno / Primavera 1987 7. Aquí están en paráfrasis: (1) "Todo es uno". Lo cual se contradice en Génesis 1. (2) "Todo es Dios." Lo cual se contradice en Romanos 1:18-25. (3) "Yo mismo soy Dios", lo cual se contradice en Ezequiel 28: 1-9. (4) "Yo puedo salvarme a mí mismo." Lo cual se contradice en Efesios 2:8-9. (5) "Después de que muera voy a reencarnar." Lo cual se contradice en Hebreos 9:27. (6) "Toda la moral es relativa." Lo cual se contradice en Éxodo 20:1-17; Mateo 5:17-20. (7) "Todos los 'espíritus' y todo lo 'espiritual' es bueno." Lo cual se contradice en Deuteronomio 18: 9-14. (8) "Los seres humanos están evolucionando hacia una armoniosa nueva era." Lo cual se contradice en 1 Tesalonicenses 5:3; Mateo 24:3-31. (9) "Todas las religiones enseñan realmente la misma cosa." Lo cual se contradice en Juan 14: 6; Hechos 4:12.

Capítulo 4

12. La palabra formal para la defensa de la fe cristiana contra las objeciones es apologética (de la palabra griega apología). Si realmente quieres ser capaz de responder a tus amigos, debes leer *Handbook of Christian Apologetics* [El manual de apologética cristiana], por Peter Kreeft y Ronald K. Tacelli. Si prefieres navegar, en línea se pueden encontrar muchos buenos recursos de apologética desde ambas perspectivas: protestante y católica (por ejemplo, Probe Ministries, www.probe.org, y Catholic Answers, www.catholic.com).

Capítulo 5

13. Así es como John R. W. Stott explica "la razonabilidad de la revelación": "¿Cómo. . . es posible que (si es que hay grados de posibilidad) penetren en los pensamientos de Dios Todopoderoso? Su mente es infinita. Sus pensamientos están por encima de nuestros pensamientos así como los cielos están por encima de la tierra. Es absurdo suponer que podríamos penetrar en la mente de Dios. No hay una alguna escalera por la que nuestras pequeñas mentes puedan subir a la mente infinita. No hay puente que podamos crear atravesando el abismo del infinito. No hay manera de alcanzar o de comprender a Dios. Es razonable decir que, por lo tanto, a menos que Dios tome la iniciativa de revelar lo que está en su mente, jamás seríamos capaces de averiguarlo. A menos que Dios se revele a nosotros, nunca lo podríamos conocer y todos los altares del mundo, como el que Pablo vio en Atenas, llevarán la trágica inscripción 'AL DIOS NO CONOCIDO'. (Hechos 17:23) Este es el lugar para comenzar nuestro estudio. Este es el lugar de humildad ante el Dios infinito. Es también el lugar de la sabiduría, tal como lo percibimos el carácter razonable de la idea de la revelación." John R.W. Stott, *You Can Trust the Bible* [Puedes confiar en la Biblia] (Grand Rapids, MI: Discovery House, 1991), 14.

14. "Tal vez, como mi ex colega Francis Crick sugirió, nadie debería ser considerado con vida hasta después de los tres días de su nacimiento…Si un niño no es declarado con vida hasta tres días después del nacimiento, entonces, se podría permitir a todos los padres tener la elección que solo unos pocos tienen en el sistema actual." Estas citas son de "Children from the Laboratory," [Los niños del laboratorio] Prism: *The Socioeconomic Magazine of the American Medical Association* [La Revista Socio Económica de la Asociación Médica Americana] 1:2 (1973): 12-14, 33-34.

15. Al comentar sobre la entrevista con el teórico de ética Juan da Escritura: "la libertad de la pareja cohabitante la Universidad de Princeton, Peter Singer, Mark Oppenheimer escribe que "mientras que

Singer cree que matar a un niño de tres días de edad, no es peor que matar a un feto de término tardío, si cree en trazar la línea en alguna parte. Él solía sugerir 28 días después del nacimiento. 'Ahora pienso que una fecha límite de 28 días es impracticablemente precisa,' me dijo. 'Pero el punto sigue siendo que se necesitan las fechas límites.' Le pregunté si iba a extender el 'límite' para la eutanasia, digamos, tres años, una edad en que los niños todavía tienen pocas preferencias. Entonces dijo: 'Un niño de tres años de edad, es un caso gris,'" dijo. Mark Oppenheimer, *"Who lives? Who dies? (The Utility of Peter Singer)"*, [*¿Quién vive? ¿Quién muere? (La utilidad de Peter Singer)*], Christian Century (3 de julio de 2002).

16. La Biblia habla a menudo acerca de la verdad. El Salmo 145:18 dice: "Cercano está Jehová a todos los que le invocan, a todos los que le invocan de veras." Juan 14:6 cita a Jesús diciendo: "Yo soy el camino, y la verdad, y la vida; nadie viene al Padre, sino por mí." En Efesios 6:14, el apóstol Pablo nos dice: "Estad, pues, firmes, ceñidos vuestros lomos con la verdad, y vestidos con la coraza de justicia". En 2 Timoteo 2:15, le dice a su amigo y discípulo Timoteo: "Procura con diligencia presentarte a Dios aprobado, como obrero que no tiene de qué avergonzarse, que usa bien la palabra de verdad".

17. Comunicación personal, 26 de febrero de 1996. Agradezco al profesor de Plantinga lo que me permite hacer una cita de su carta.

18. John Bunyan, *The Pilgrim's Progress* [El camino del peregrino] (Nueva York: Washington Square Press,1957), 54-55. Publicado originalmente en 1678.

Capítulo 6

19. Por cierto, no es cierto que todo el mundo lo está "haciendo". No hace muchos años, estudiantes de la Universidad de Princeton fundaron una organización dedicada a la castidad, a la que llamaron la Sociedad Anscombe en honor a la gran filósofa cristiana Elizabeth Anscombe. La organización fue tan popular que han surgido docenas de organizaciones similares en los predios universitarios, anilladas juntas en una organización nacional llamada la Red de Amor y Fidelidad. Puedes aprender más acerca de la red en www.loveandfidelity.org , sitio solamente en inglés

20. El investigador Glenn Stanton cita varios estudios que indican lo siguiente: "Las parejas que viven juntas antes de casarse tienen tasas de divorcio entre el 50 al 100 por ciento más alto que las parejas que no viven juntas antes del matrimonio. En un estudio canadiense de las parejas casadas menos de 10 años, la tasa de divorcio era del 31 por ciento para los que vivieron juntos previo al matrimonio pero

solo el 14 por ciento para aquellos que no lo vivieron juntos. Los estudios también muestran que las parejas que vivieron juntas antes del matrimonio pelean más, se comunican menos, se separan más a menudo, buscan más asesoramiento y son más propensas a tener relaciones extramaritales. Estas parejas tienen más problemas con drogas y alcohol y se refieren al matrimonio como una parte menos importante de sus vidas. Además, las parejas que cohabitan reportan mayores tasas de depresión y menores índices de satisfacción sexual que las parejas casadas. Las tasas de violencia que les corresponden son dos veces más altas y sus tasas de violencia severa son cinco veces más altas a las parejas que cohabitan. En tres de cada cuatro relaciones donde la pareja cohabita, al menos uno de los dos informa haber pensado que la relación estaba en problemas durante el último año. Esto es el doble de la tasa para las parejas casadas por lo demás similares." Glenn T. Stanton, *Why Marriage Matters: Reasons to Believe in Marriage in Postmodern Society* [Por qué el matrimonio importa: razones para creer en el matrimonio en la sociedad postmoderna] (Colorado Springs, CO: Piñón Press, 1997), 57-69.

Capítulo 7

21. Hopwood vs. Estado de Texas, 861 F.Supp. 551 (1994). El caso fue visto en la Corte de Apelaciones del Quinto Circuito, que se ocupa de casos en Texas, Louisiana y Misisipi. Al momento de escribir, el tema de la preferencia racial está una vez más en los tribunales.

22. Para leer más acerca de mitos liberales y conservadores, ver mis artículos: "The Problem with Liberalism" [El problema con el liberalismo] y "The Problem with Conservatism" [El problema con el conservadurismo] en el sitio web First Things magazine, http://www.firstthings.com

23. https://www.archives.gov/espanol/constitucion.html Respetar quiere decir "acerca de", y el establecimiento de la religión significa la "iglesia oficial". La redacción implica también que al Congreso no se le permite detener a los estados de establecer las religiones oficiales pero debido a la forma en que la Decimocuarta Enmienda es interpretada, no se les permite a los estados tener religiones oficiales tampoco.

24. El caso fue Everson vs. La Junta de Educación (1947). En otro caso, Lemon vs. Kurtzman (1971), que dice que "la línea de separación, lejos de ser una 'pared', es una muralla borrosa, indistinta y variable en función de todas las circunstancias del una relación particular."

25. Mateo 5:3 lo plantea de manera diferente, no es "benditos ustedes que son pobres" sino "Bienaventurados los pobres en espíritu." Esto no es una situación de esto o aquello. aunque algunos escritores hacen

hincapié en un pasaje y algunos insisten en el otro, la interpretación tradicional es que ambos tipos de pobres son bienaventurados.

26. Guenter Lewy, *Why America Needs Religion: Secular Modernity and Its Discontents* [Por qué los Estados Unidos necesita la religión: La modernidad secular y sus descontentos] (Grand Rapids, MI: Eerdmans, 1996).

Capítulo 8

27. Neale Donald Walsch, *Conversations with God* [Conversaciones con Dios], Libro 1 (Nueva York: G. P.2 Putnam's Sons, 1996), 124, 126, 130 a 132, y Libro 2 (Charlottesville, VA:Hampton Roads Publishing, 1997), 75-76. Estos libros no son realmente conversaciones con Dios; resulta que el autor piensa que él mismo es Dios.

Capítulo 9

28. Las organizaciones protestantes del el predio de la universidad a menudo están afiliadas a las organizaciones nacionales como *InterVarsity Christian Fellowship* [Comunidad Cristiana Intervarsity] , Cru y *The Navigators* [Los Navegantes]. Las organizaciones católicas en el predio de la universidad generalmente se asocian con las parroquias locales y son llamadas Centros Católicos de la Universidad o Asociaciones de Estudiantes Católicos. Los estudiantes en las escuelas de derecho, deben examinar la Sociedad Legal Cristiana y la Sociedad de Thomas More.

Capítulo 10

29. Si deseas leer el resto de mi historia, echa un vistazo a http: //www.leaderu.com /real/ri9801/budziszewski.html.

Capítulo 11

30. Para más información sobre la segunda clase de libertad, consulta los siguientes pasajes de la Sagrada Escritura: "Dijo entonces Jesús a los judíos que habían creído en él: Si vosotros permaneciereis en mi palabra, seréis verdaderamente mis discípulos; y conoceréis la verdad, y la verdad os hará libres...Jesús les respondió: De cierto, de cierto os digo, que todo aquel que hace pecado, esclavo es del pecado. Y el esclavo no queda en la casa para siempre; el hijo sí queda para siempre. Así que, si el Hijo os libertare, seréis verdaderamente libres." (Juan 8:31-32,34-36) "Pues no habéis recibido el espíritu de esclavitud para estar otra vez en temor, sino que habéis recibido el espíritu de adopción, por el cual clamamos: ¡Abba, Padre! (Romanos 8:15) "Porque el Señor es el Espíritu; y donde está el Espíritu del Señor, allí hay libertad." (2 Corintios 3:17) "Estad, pues, firmes en la libertad con que Cristo nos hizo libres, y no estéis otra vez sujetos al yugo de esclavitud". (Gálatas 5:1)